新经典文化股份有限公司
www.readinglife.com
出　品

HERETICS! The Wondrous (and Dangerous) Beginnings of Modern Philosophy

# 前言

十七世纪有许多了不起的事件发生。这些世界性事件和我们的日常生活息息相关。十七世纪的哲学家们发现了理解世界的全新方式，对我们人类自身的理解也随之更新了。或许可以更准确地说，对这个世界到底是怎样运行的，我们是谁，人是什么，哲学家们虽然没能达成一致意见，却提出了思考这些问题的全新方式。他们争论着物体或身体由什么构成，受什么力量驱使而运动；关于上帝的存在以及上帝和世界的关系，他们的观点也迥然不同；他们争论知识是什么，知识从何而来。很多“新”思想家坚信，无论是从形而上学还是道德的角度看，人类都是非常特别的存在，因为人类超越了统治自然的法则和规律，且有灵魂和自由意志。与此相反，其他人则坚持认为，人类并不从属于在我们之上的某个“国度”，我们的肉体和灵魂同其他事物一样，都是自然的一部分。有些人甚至走得更远，认为人也只是运动着的物质，和石头和树木一样无法摆脱因果决定规律。

尽管有这些差异，这群各持己见的哲学家还是共享着一些基本前提。他们认为旧式的、中世纪的理解世界的方式——比如精神形式和神秘力量，对基督教学说的捍卫，以及常有的对亚里士多德和柏拉图的崇敬之情——已经不再有意义，取而代之的应该是更有用的、更理性化的、更独立的理解模式。他们一致认为，自然哲学——现在叫作科学——应该在俗世而非秘境中寻找对事物的解释。尤其是，他们坚持认为，哲学的发展靠的不是对古代作家话语的遵从，或者对宗教权威的服从，而是清楚分明的理性观念和确凿的经验证据。

要问哪个世纪是欧洲历史上最辉煌的世纪，列入候选名单的应该是下面几个：首先是公元前四世纪，在伯里克利的民主制时代，出现了苏格拉底、柏拉图、埃斯库罗斯、索福克勒斯、阿里斯托芬等人；还有十二世纪，见证了亚里士多德的复兴，大学和经院哲学家的出现；当然，还有意大利文艺复兴所在的世纪。不过，对哲学来说，十七世纪的辉煌是无可质疑的，拥有像伽利略、培根、笛卡尔、霍布斯、波义耳、斯宾诺莎、洛克、莱布尼茨、牛顿这样的人物，这个世纪见证了现代形而上学和认识论的兴起、理解自然的革命，以及公民和国家之间关系的全新构建。当我们思考时，也许不会再精确地使用指引着近代早期思想家的那些术语，但我们看待世界和自身的方式，已经深深地受到了他们极具创造性的思想的影响，这些创造性思想之所以能够蓬勃发展，或许是由于他们各异的才华、私人的纷争，以及他们所生活的那个政治、宗教动荡的时代。

出现在本书里的哲学家真的全是“异端”吗？如果说异端总在宣扬与所谓传统真理相悖的观点，不管它是来自科学、宗教、哲学还是经济……那他们就是。实际上，有一些人已被教会正式判定为异端，布鲁诺和伽利略正是因此受到天主教会的惩罚，斯宾诺莎则因为他的“糟糕的异端思想和荒谬的行为”而被阿姆斯特丹的犹太教会开除。此外，这里讲述的每一位哲学家都有被列入梵蒂冈《禁书目录》的著作。布鲁诺、伽利略、培根、笛卡尔、霍布斯、帕斯卡、斯宾诺莎、阿尔诺、马勒伯朗士、波义耳、洛克、莱布尼茨、牛顿的著作都曾出现在那个臭名昭著的名单上。中世纪和近代早期的宗教权威部门有时要费尽气力地分辨独立思想和“异端邪说”。

在这部作品中，我们要讲述的是哲学史上最精彩的时代。我们描绘的思想家并没有彻底抛弃传统的概念框架；实际上，理性革命和“范式转型”还是保留了旧有的一些内容，而历史时代的区分只是我们的后见之明。正如最近的学者研究展现的那样，许多十七世纪的哲学家更多地是在寻求对经院哲学思想的吸收、同化、调整和修正，而非完全抛弃。同时，这些近代早期思想家也在有意识地对哲学进行转换，并把它放在一个新的历史进程之中。从十七世纪头十年的伽利略和笛卡尔，到与十八世纪之交的莱布尼茨和牛顿，他们所带来的，是真正奇妙的新时代。

# 罗马

1600

对哲学来说，十七世纪开局就不利。
乔尔丹诺·布鲁诺说，地球不是宇宙的中心，
而星星和太阳一样，也有行星绕着它们转。
他的神学和政治观点也非常不符合正统。
他被罗马宗教裁判所定为异端，并判处死刑。
一六〇〇年二月十七日，在罗马的鲜花广场，布鲁诺被活活烧死在火刑柱上。

# 罗马

1633

三十年后，天主教会仍然密切监视着哲学家对宇宙的解释。
那时，伽利略还是比萨大学的一位年轻教授……
他主要对物理学和物体的运动感兴趣。
嗯……
从同样高度落下的物体会以同样的速度下降，并在同一时间落到地面，
当心！
这和物体的重量无关。

伽利略的兴趣不久就转向了天文学。
他打造了自己的望远镜并用它们观测夜空。

在一六一〇与一六一一年间，他发现木星附近有四个天体。
几个夜晚过后，它们的位置改变了。
他发现了移过太阳表面的“黑点”。
他发现金星和月亮一样有盈亏变化。
伽利略还发现月亮表面不像肉眼看见的那么平滑。
它有山脉和峡谷。

伽利略发现，所有这些都证明了天空并不像人们通常以为的那样统一、完美。
哥白尼是对的，地球没什么特别的。
它不是宇宙的中心，它也是一颗行星，和其他行星一样绕太阳转。
一六一六年，教皇保罗五世斥责哥白尼的理论为异端邪说。他说，根据圣经，太阳和其他行星都绕着地球转。
必须禁止哥白尼的理论！
但是，时任托斯卡纳大公御用数学家和哲学家的伽利略忍不住要为哥白尼辩护。
（嘟囔）我会把哥白尼的理论演示给他们看。
一六三二年，他出版了
DIALOGUE CONCERNING the TWO CHIEF WORLD SYSTEMS
GALILEO
为哥白尼做了有力的辩护。
*《关于托勒密和哥白尼两大世界体系的对话》伽利略著
日心说能够更好地解释天上和地上的现象。

教会大为不悦。
新教皇乌尔班八世同情伽利略，但仍对这位天文学家违抗教会指令的做法感到愤怒。
伽利略！
你这个异端！
是你逼我这么做的！
伽利略被软禁在家中，他的著作成为禁书。
他仍然认为他是对的。
可是，
是地球在转动啊。

与此同时，在荷兰，一位法国哲学家打算出版他的第一部著作。
勒内·笛卡尔搬到了这个牛奶和风车的国度，想要不受干扰地工作。
阿姆斯特丹是个不错的城市，但它的嘈杂让我没法工作。
啊，平和宁静的荷兰乡村更适合我。
他的著作《论世界》将会表明，他的新哲学能够解释“所有的自然现象”。
这个时代的大多数哲学家都喜欢回溯到古希腊的亚里士多德。他们相信亚里士多德的看法：自然物是由质料和形式组成的。
如此美妙！
真是天才！
质料是组成物体的材料，形式则更像灵魂，后者是能动的精神力量，用来解释事物为什么看起来是某个样子，又为什么会做出某些行为。

苹果落地是因为它具有“重”的形式，这使它趋向地球中心。马之所以看起来、动起来像马，是因为它具有“马”的形式。

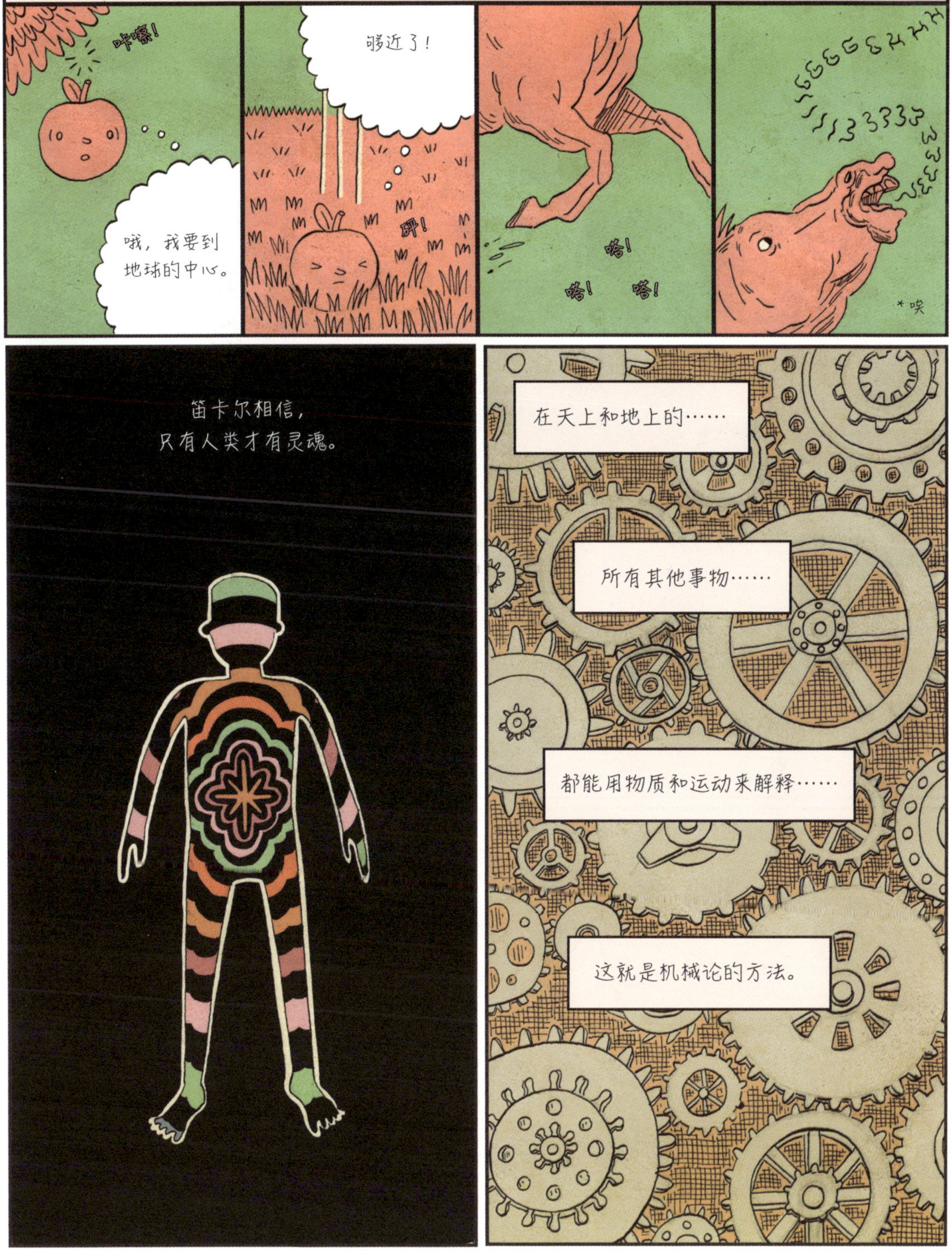

当心！
物体下落是因为它们被
微小的、不可见的事物
推向地面。

火能点燃木头，是
因为火的微粒运动
得非常快，推动了
木头的微粒。

动物也不过是物质，
和机器一样。
它们都没
有灵魂。

笛卡尔在书中也采用了日心说。
地球和其他行星，
都按照物质的旋涡运动模式，围绕太阳转动。
如果哥白尼的理论是错的，那么我的整个哲学体系也是错的。
一六三三年的一天，笛卡尔到阿姆斯特丹的一家书店去找伽利略的“对话”。
对不起，我这儿没有，这书已经被罗马禁毁了。
笛卡尔决定不再出版《论世界》。
去他的吧！
我可不想也惹上麻烦。

莱顿

1640

和伽利略一样，笛卡尔不是那么容易放弃的人。
他继续进行科学和数学研究，发表几何学论文……
几何图形可以用代数方程来表达。
探讨光学……
光是发光物体的振动，它通过空气物质传播。
甚至气象学……
彩虹不是什么神迹，只是光穿过空中的小水滴时产生的折射现象。
还顺便写了《谈谈方法》。
如果你想要了解万物的真实性质，就得忘掉传统哲学家所说的一切，自己来思考。
用你自己的思想！用你自己的理智！
笛卡尔的目的是要让科学知识体系拥有和数学公理体系一样的确定性。
再见，亚里士多德！

笛卡尔坚持科学的进步必须经过自主的探寻并反对盲目跟从权威，但他知道，他不是第一个持有此见的人。
*《新工具》弗朗西斯·培根著
NOVUM ORGAN BY FRANCIS BACON
1620
弗朗西斯·培根是一位英国自然哲学家、法学家和政治家。
我现在任命你为大英帝国的大法官。
在《新工具》中，培根认为真正的科学方法不同于早期哲学家所采用的无根据的推测和无结果的论证。
这些哲学家都像蜘蛛一样，只能用他们自己的丝（实体）来结网。
柏拉图
伊壁鸠鲁
阿奎那
他相信，必须基于感官经验来解释自然，而不能用形而上学的假设来推断。
我们必须面对事实本身！
但是，人类的认识中存在太多“假象”，也就是阻碍真正探索的偏见，我们必须首先去除它们。
一旦心灵被偏见困扰，真理就难以存在。
“神族假象”根植于人类的天性之中，所以为全人类共有。
看！那些神圣的天体正按照完美的圆周轨迹运动！

“洞穴假象”指的是一个人在他的生活经验中形成的非理性偏见。
法国人都靠不住！
英国人都是大骗子！
“市场假象”产生于语言的滥用。
自然实体的基本形式都是由第一推动者推动的……
我完全不知道你在说些啥。
而当人们不假思索地把各种哲学理论当成绝对真理时，“剧场假象”就出现了。
过去的哲学及其所具有的神秘力量，只不过是编造出来的故事。
培根认为，归纳推理才是探索自然奥秘的正确方法。
真正的科学研究，是从认识个别事物开始，
逐渐上升到一般概念，
再到更多的一般概念，
最后得到最普遍最一般的规律。
归纳法始于观察，有条有理地、循序渐进地收集原始数据。
太阳光里面有热，
火焰里有热，
某些固体、液体、气体里有热，
腐烂的蔬菜里有热，
动物粪便里有热，
但月光里没有热。

实验提供了更多的数据，
月光透过放大镜能够产生热吗?
揭示了新的关系。
运动会使热量增加，就像我们用风箱鼓风时看到的那样。
有了周详而又深入的解读记录，自然哲学家就可以系统地阐述“公理”或假设。
热和光不一样，火和沸水都产生热，但它们不都发光。
但，火中有运动，
沸水中也有运动。
热就是运动吗?
这就需要接下来的观察与实验了。
逐渐地，他就会知道现象的本质。
看起来，热是运动的一种表现形式。
我赞赏培根的“方法”*，它放弃了旧的观念，展现了新的开端。
下面，就是我的新发现了……
*是的，笛卡尔真的用了这个表述。

笛卡尔想利用机械论哲学，以日常经验中熟悉的语言解释天上和地上的一切现象。
你所需要的只有物质和运动，微粒推动其他微粒。
连我们的身体也像部机器。
嘿，那个装置还没有发明出来呢！
别生气啊，牛顿！
然而，笛卡尔认识到，他跳过了一个重要的哲学步骤。
实际上，科学是可能的吗？
如果我不知道“‘知道’意味着什么”，我怎么才能知道“我能知道”呢？
我想你是喝得太多了。

科学必须建立在一些“首要原则”之上，这些最基础的原则中，最重要的，是关于知识自身的知识。
这就是认识论。
哲学就像一棵树，
树枝是其他一切知识，医学、伦理学等。
树根是形而上学。
树干是物理学。
一位哲学家在一生中至少得仔细思考一次：什么是真正的知识以及它们是如何取得的。
我知道什么？
我是怎么知道的？
我能知道什么？
另一个首要原则是，确定的形而上学真理先于对其他事物的理解。
物体是什么？
心灵是什么？
我是什么？

笛卡尔在他最著名的著作中讨论了这些认识论和形而上学问题。
*《第一哲学沉思集》1641
MEDITATIONS ON FIRST PHILOSOPHY ~1641~
利用“沉思集”，笛卡尔清空了哲学的阵地，从头开始构筑他的宏伟的科学工程，任何事在他看来都不是理所当然的。
我能完全确定地知道些什么呢？
他从那些看起来最显而易见的知识来源着手。
我的感官告诉我，玫瑰是红色的，
紫罗兰是紫色的，
火是热的，
而网球是圆形的。
但这呈现在我感官中的世界，始终是真实的吗？
当然不是，
很显然，我的感官经常误导我。
你不能总是相信你所见到的！

但，即使我的感官偶尔欺骗我，使我对小的或远的事物产生错觉，
它们仍会告诉我许多我可能无法怀疑的事。
感官告诉我，我坐在这里，
我旁边是火炉，
穿着冬天的睡衣，
手里拿着这张纸。
但是，
难道我忘了睡梦中的景象和醒着的时候有多相似吗？
那么，我怎么知道我是醒着坐在这里，还是梦到坐在这里呢？
也许我一直在梦中，并且根本没有身体！
也许
我的
所有
感官经验
只是梦境或
幻觉
然而，不管是不是在做梦，至少还有一些事情是我们可以确知的。
即使没有外部世界存在——没有身体，没有我——我至少可以接受所有这些在我的理智中存在的抽象真理，难道不是吗？
不管我是清醒着，还是仅仅在做梦。
一加一总是等于二。

但是，等一等！
也许理智也会像感官一样欺骗我。
万一我是由一位拼命让我在思考时犯错的、邪恶的、骗人的上帝或者魔鬼创造的呢？
我怎么能相信邪恶的造物主给予的理智呢？
也许，我自以为正确的一切，关于世界、科学、数学的知识都是一场幻觉。
这剧情也太吓人了。
也许一加一真的不等于二！
也许我们根本没法知道任何事。
哦，我的上帝！*我是不是走得太远了？
* 原文为法语，OH MON DIEU!

等等！看起来至少有一件事是无论如何不能怀疑的。
我是！
我存在！
笛卡尔的自身存在有着可以免受质疑的确定性，这种确定性就是：他在思考。
我思，故我在。*
*原文为拉丁语，COGITO ERGO SUM.
这和他所思考的内容无关。
我想我是一头大象，故我在。
笛卡尔这时候还不能肯定他的身体是否存在——外部物理世界的存在还是被怀疑的对象。
但他无法怀疑的是：他，作为能思考的主体，的确是存在的。
另外我还知道：上帝存在，他不骗人。

“一个无限完美的存在”，我的思想中有这样一个观念——这是我不能怀疑的。
若没有一个完美的上帝创造了我，我的思想中就不可能有这个观念。
这个观念还能来自哪里呢？
难以想象上帝不存在。
嘤！
上帝如果不存在，也就不再是完美的了。
显然，一个至高无上的存在必定是善的，而不是恶的。
笛卡尔得出结论说，仁慈的上帝不可能用错误又虚假的理智来创造人。
我的思想有神圣的力量做担保。

我现在知道，当我恰当而仔细地使用上帝赋予的理智，
并且只认可那些我用理性之光清楚明白地证明为真的事物，
我将拥有真正的知识，
于是，笛卡尔认为他能够清楚明白地认识许多事物。
我知道物体真实地存在。
如果我生来倾向于通过感官相信外部世界存在，而它其实并不存在，那么上帝就是在骗我。
但是，物质世界未必就是它显现给我们感官的那样。
玫瑰并不是真的红，紫罗兰也并不是真的蓝，而火也并不是真的热。

理智上，“物体”这个概念只涉及到了“广延”，物质就是几何体。
我也清楚明白地认识到，我是一个思考着的主体，和我的身体不同，即使没有身体，思想依然可以存在。
笛卡尔认为，世界上只有两种事物：心灵和物体，它们没有任何共同点。
灵魂或者心灵是思想实体，它的属性是观念和意志。
物体是广延实体，它的属性是形状、尺寸、可分割性、运动和静止。
物体的任何属性，心灵都没有；心灵的属性，物体也没有。
我看玫瑰时，我看见红色，我的手靠近火时，我感到热，红和热只是我心灵中的感官知觉。
与这种心—物二元论相伴而生的，是机械论物理学——一种只探讨物体真正数学特性的自然科学。
你需要的只有几何学和运动规律。

然而，有些物体是特殊的。
我能够思考，而物体不能思考，但我从日常经验中得知，我的肉体和能思考的灵魂是一体的。
好啦，开始你的工作吧！
灵魂和肉体有着紧密的关系。
灵魂和肉体的关系不像船员和船的关系，我的灵魂和肉体混合在一起，是真正的统一体。
当我刺伤自己，我立刻感到疼痛。
当我想要抬起胳膊，
它马上抬了起来。
这是对上帝赋予我智慧的美妙证明！

并不是每个人都那么倾心于笛卡尔的新哲学。
上帝赋予的智慧？
比如数学家和宗教思想家布莱士·帕斯卡，他对人类理性的力量就不那么有信心。
我们的思维能力真的能指引我们得到关于上帝和灵魂的知识吗？
关于人性，帕斯卡有一个较为暗淡和悲观的想法。
我们仅仅是能够思想的芦苇。
在无限的上帝面前，我们的伟大之处仅仅在于，能够认识到我们自身的渺小和卑微。
只有通过信仰才能得到拯救。理性不能让人接近上帝，它甚至不能证明上帝的存在。
不过我知道，还是相信上帝存在比较好。

帕斯卡把这看作一场赌博。
假如说，我不信上帝，
那么，如果上帝不存在——很好，我的信仰是对的，但也没别的什么好处。
但如果我不信上帝而上帝真的存在，
那我就要倒霉了。
我将会下地狱，遭到无限的、永恒的诅咒。
但是，如果我真的相信上帝，而上帝又真的存在，我所得到的回报就是无限的、永恒的拯救。
下注吧。
我知道我要把钱押在哪里了。

有一天，帕斯卡卧病在床，笛卡尔正好在巴黎，就去拜访他。

他们讨论起了自然中是否可能有真空的问题。

帕斯卡给笛卡尔展示他发明的加法器。

但是，他们的对话必然会转向信仰和理性。

帕斯卡朴素的基督教信仰使他并不欣赏笛卡尔的理性主义。

另外，笛卡尔的形而上学，尤其是他对心灵和物体的解释也是个问题。

一六一八年五月二十三日，在布拉格，
两个人被人从三楼的窗户扔了下去。

波西米亚国王斐迪南二世是天主教徒，他的使者竟然被愤怒的新教徒如此粗暴地对待，
这成了波及整个欧洲的“三十年战争”的导火索。
波西米亚人推举出了新国王，就是身为新教徒的帕拉丁选帝侯——腓特烈五世。
但是腓特烈很快就被斐迪南的军队赶跑了，
他带着家眷逃到了荷兰。
几十年后，腓特烈优秀的女儿伊丽莎白公主，在远离家园的流放生涯中，把很多时间花在了哲学上。

她被笛卡尔的《第一哲学沉思集》吸引，
但为其中一些观点倍感迷惑。
笛卡尔先生，如果能得到您的指点，我会很高兴的。
灵魂只是一个能思考的实体，
那它是如何支配肉体并使之产生自主的行为的？
物体只有在被其他物体冲撞的时候才会运动，
而在这个过程中，广延和物理接触都是必不可少的。
但无形的灵魂是没有广延的，
那么，灵魂是如何推动肉体的？

盼望皇室眷顾的笛卡尔，很高兴回答伊丽莎白的提问。
我很荣幸殿下能够屈尊读我的“沉思集”，
而您提出的问题的确很有难度。
我们从日常经验中知道，灵魂可以支配肉体，也可以被肉体支配，
但是，您不该试图从物理接触的角度理解它们之间的因果联系和相互作用，物理接触是用来理解物体和物体之间相互作用的。
而心灵和身体的联系是一种特殊的关系。
笛卡尔的回答不能解决伊丽莎白的困惑。
“心灵和身体的联系是一种特殊的关系”？

我知道经验告诉了我什么，
我刺伤了手指会感到疼，
我抬胳膊，胳膊就抬了起来。
但你是怎么用你的哲学原理解释这些现象的，我费了好大力气也没搞懂。
也许，她猜道，心灵和身体的差异没有这么大。
我也许可以设想，心灵也像身体一样可以延展。
这比设想用一个非物质性的事物去移动一个物质性的物体要容易。

英国哲学家托马斯·霍布斯强烈反对笛卡尔的观点，他认为灵魂具有物质性，是肉体的一部分。
霍布斯和笛卡尔就是互看不顺眼。
叮！
叮！
在个人的敌意背后，是形而上学观点的分歧。
等一下！我们都是支持机械论哲学的。
是的，但是霍布斯相信，世上只有物质，不存在无形的实体。
我当然承认你是一个能思考的主体，
但我相信，你也是由物质组成的。
你不同意我的论证吗？
当然不同意。
有人打架！

如果我在思考，
一定是有一个主体在思考，
我也因此而存在。
但是，行动的主体必须得是有形的。
霍布斯自己的著作《利维坦》，是一部讨论人性、政治和宗教的书，他在书里说，心灵和心灵活动只是运动着的物质。
有别于肉体的灵魂并不存在。
霍布斯用唯物主义解释所有意识活动。
我们的观念、知觉、感觉、想象、意志力——所有这一切都是物质的运动。
笛卡尔对霍布斯这样的哲学家有点不耐烦。
这个英国佬真是讨厌，我最好别搭理他，否则准会打起来的。

# 巴黎

1646

十七世纪四十年代，托马斯·霍布斯其实有很多比心灵和身体的形而上学更急需处理的问题。
终于解脱了！
而他之所以在巴黎讨论笛卡尔哲学，是由于英国正在打内战。
因为英国议会和查理一世势不两立，国王的敌人占据了上风，支持国王的霍布斯担心自己的安危，
国王不应该屈从于任何人！
他于一六四〇年逃亡到了法国。
我得离开这儿。
他写成了《利维坦》一书，认为主权者的权威必须是绝对的。
通过描绘完全无政府的生活，他展示了自己的论证。
这可不是一个美妙的场景。

想象一个没有国家、没有社会组织、没有正义的时代——
许许多多的人在一起生活，没有法律也没有领导者。
只有欺骗、偷窃，
和杀戮。
在这种情况下，每个人都有权占有任何物品，甚至占有其他人。
如果我得到它，它就是我的。
如果你能从我这里把它拿走，它就是你的。

每个人都只为自己的利益而活，在恐惧的驱使之下，为了生存而竭尽全力。
在自然状态下，力量就是正义，而生活是孤独的、贫乏的、险恶的、粗野的、短暂的。
这些人战战兢兢却富有理性。
他们认识到，如果想要兴旺繁荣地生存，就必须组织起来，寻求保护。
朋友们，我们要团结！
他们决定放弃没有限制的权利，将一部分交给他们所依靠的力量，即政府。
我因此放弃杀死你的权利。
我也一样。
他们同意创立一个主权政体，为无政府状态建立秩序。
我们选他当我们的国王。
太棒了！
好啊！
主权者拥有制定法律的绝对权力并可迫使人民服从他。
我要怎么做？
最好的主权政体是君主制，所有法律都来自一个人，所有权力都被授予一个单独的权威。

这种“神圣契约”建立了国家，主权者作为国家首脑，是由人民选举出来的。
君权神授？
胡扯！
啪
一个合法的主权者，他的权力是由人民而非上帝授予的。
霍布斯笔下的绝对主权者掌管着国家的一切事务。
我的话就是法律。
没人有权违抗主权者，不管他多么不喜欢这些法律。
偷窃和使用暴力者都必须坐牢！
出于恐惧，他们都将服从主权者。如果不服从，那就得回到自然状态，可没有人愿意那样。

只有当主权者想要杀死你的时候，你才有权利反抗。
因为设立主权者的目的就是要保障你的生命和财产安全。
有主权者存在的地方，才有真正的公民社会，
才有安全、权利、正义，才有追求幸福的可能。
甚至宗教也得服从公民选出的主权者的权威。
一个国家之内不能有两个相互对抗的权力。
你要服从你的主权者，
不能服从你的牧师或神父……

而且绝对不能服从
罗马的那些家伙！
哎哟！
霍布斯尤其反对天主教。
从这儿出去！
他在《利维坦》的最后一部分讨论了宗教，并且起了一个特别的题目。
“论黑暗的王国”！
The Kingdom of Darkness
公民的主权者作为国家这个大“教会”的首脑，将独自决定什么才算神圣的经文……
嗯……
并决定由谁为公民解释那些神圣的经文……
嗯……
甚至决定什么是奇迹，什么不是。
主权者说什么，公民绝不能反对。
这是奇迹！

至于霍布斯自己的宗教信仰，却不太明确。
不存在非物质的实体。上帝应该是有形的。
霍布斯的《利维坦》直接而彻底地揭示出，政治权威的基础是世俗的契约。
他也论证了公民绝对服从主权者的重要性，
并决然地限制了教会的权力。
嗨，我在这儿呢！
这个英国人一点不掩饰自己的观点，他的著作遭到谴责，被认为充满危险的“无神论”观点。
它会腐蚀读者的灵魂！
然而，即便是霍布斯，在几年之后读到一个被逐出教会的荷兰犹太人的新作时，也大感震惊。

# 海牙

1670

本托（巴鲁赫）·斯宾诺莎在阿姆斯特丹出生、长大，他和家人一起生活在市里的葡萄牙犹太人社区，社区中的犹太人都是西班牙人或葡萄牙人的后裔。

十五世纪晚期，居住在西班牙和葡萄牙的犹太人被强迫改信基督教。

这些“改宗者”受尽了西班牙宗教裁判所的折磨。

十七世纪开始，许多人终于移居到了荷兰共和国。

父亲去世后，年轻的斯宾诺莎继承了家里的进口生意。
但他依然坚持学习，而且，显然也是教会中正直的一员。
但是，在一六五六年的七月，二十三岁的斯宾诺莎突然被阿姆斯特丹的犹太人社团永久性地革除了教籍。
我们驱逐、诅咒、谴责巴鲁赫·斯宾诺莎，革除他的教籍。
带着极大的偏见。
谴责书中说他有“可憎的异端邪说和可怕的行为”，
你是一个怪物！
但并没有提具体是什么。
白天诅咒他，
夜晚诅咒他。
在这一刻，斯宾诺莎失去了信仰犹太教的义务，但是看上去从容自若。
告辞了！

十七世纪六十年代，斯宾诺莎靠打磨光学镜片为生……
同时撰写了伟大的哲学著作《伦理学》。
他关于上帝、道德和宗教的主张都极端激进，当然，在同时代人看来，简直令人不安。
根据斯宾诺莎的观点，不存在超越经验的、向人类发布启示的上帝，他反对超自然的、亚伯拉罕式的宗教。
上帝就是自然。

上帝或自然，是同一回事——
一个无限的、必然存在的实体。
快点！
我的，
我的，
全是我的！
每个事物都在上帝或自然
“之中”，作为它的“样态”
或者属性。

上帝或自然是永恒的，自然没有开端，也没有结束。
除了自然本身无限而永恒的力量，没有别的造物主。
这才是永恒的！
不允许有超自然的存在！

要下雨了。
上帝或自然不做选择，自然中发生的任何事情都是按照自然法则发生的。
万事万物都由神圣的必然性造就，也会以确定的方式发挥作用。
在自然之中没有偶然的事。

事物不可能有别的存在方式。这个世界是唯一可能的世界。
自然本身没有目的，自然中的每件事物也没有目的。
这一切意味着什么？
什么也不意味。
自然之中无所谓善恶。
发生的一切，都是该当如此。
完了。

斯宾诺莎认为，人类也是自然的一部分，和其他事物一样，都服从自然规律。
我们没有那么特别，并不比别的物种更高一等。
人的真理也就是自然的真理。
啊！
人的思想、欲望、情感以及选择，都是由各种原因所决定的。
自由意志并不存在。
斯宾诺莎深受笛卡尔的影响，但他不同意笛卡尔的心—物二元论。
我的心灵和身体是统一的，是同一个东西。
只是以两种不同的方式表达！

人的身体和任何物体一样，是自然在广延属性之下的一种样态——它是自然物质性的一部分。
人的心灵是自然在思维属性之下的一种样态——它属于自然的精神性。
自然的物质性和精神性是不同的。

心灵不能让身体现象发生。
只有身体能导致其他身体的运动。
嘿！

身体也不能让心灵现象发生。
观念或思想也只能被其他观念和思想所影响。
嗯？

人的心灵只是自然中一种特定的精神，它和一种特定的物质相对应。
实际上，自然或显现出物质性，或显现出精神性，它们是自然的一体两面。
心灵感到的痛苦并非是由身体的经历引起的，它只是自然在思维属性上的一种表达。
啊！
嘭！
同样，当身体受伤时，就是自然在广延属性上表达自己。
PAIN
*疼

笛卡尔错了。一个人不是两种不同实体的组合。
只有一个无限的实体，就是上帝，或称自然。
一个人是自然的一种个体展现，作为个体的自然的展现，
是一系列物质事件和精神事件的统一。

斯宾诺莎从形而上学的角度解释了我们是什么、我们如何成为自然的一部分，接着，他又描述了我们是如何生活的，以及应该如何生活。
一切都取决于是什么决定了我们的选择和行动。
是被激情所驱使？让世事对我们的影响决定我们的感受？
*打嗝*享受男人的夜晚吧！
还是出于对错和利害的考虑，让理性引导我们的行为？
其实，我应该睡了。
我们是默然忍受命运暴虐的毒箭？
抑或积极地掌控自己的人生？
让我们看看是否有更好的选择。
我们会掌控自己的人生。
无比感谢！

被激情支配的人生是戴着枷锁的一生。人是自己欲望的奴隶，受控于他无法掌控的事物。
他幸福与否完全取决于运气的好坏。
哇！
尤其麻烦的是……
相信上帝有意志。
如果认为上帝是一个执行永恒奖赏和惩罚的代理人，那就意味着你的生命不是被知识，而是被希望和恐惧的情绪所引导。

另一方面，在理性指导下的人生——
*嗡
将是自由的、良善的、心灵平和的人生。
尤其是在理解了所有事物，包括我们自己都是自然的一部分，都受必然性制约的情况下——
我们会平静地承受那些发生在我们身上的不幸遭遇，
哎呀！
当认识到这些事情无法避免，我们就会和其他所有的事物一样，服从自然的秩序。
真正自由的人会知道，不存在自由意志或不朽的灵魂，他不会被关于死后世界的非理性信仰困扰。
自由的人很少想死后的事。
理性和良善生活的回报就在现世之中。
快乐！
幸福！
知识！

十七世纪六十年代后期的荷兰，自由和宽容的理念遭到政治保守派和宗教团体的打击。
* 共和国在危急中
DE REPUBLIEK IS IN GEVAAR!
斯宾诺莎把《伦理学》的写作放在一边，开始撰写《神学政治论》。
在《神学政治论》中，斯宾诺莎认为，政治的稳定和社会的福祉，需要这些条件：
知识自由……
民主……
还有公民政府
啪！
不受教会干涉
自由地进行哲学思考是共和国和平与和谐的基本条件！

他以圣经为例，指出这部宗教领袖借以影响人们头脑和心灵的典籍实际不是上帝写下的。
它的作者是特殊历史条件下的普通人。
不同的作者，在不同的时间，写给不同的读者的不同的书，组成了圣经。
最初的文本几经复制，世代相传……
待最后编纂成一本书时，已经过去很多年了。
HOLY SCRIPTURE
* 圣经
我们所看到的圣经，只是一部残缺、错讹的人类文学著作。
圣经被神圣化，只是因为它对读者起到了道德上的训诫作用。
圣经的神圣只在于它提倡了真正的美德。

写这些书的先知，不是哲学家，也不是科学家，甚至也不是神学家。
什么？
因而，他们所谈论的上帝、自然和人类都不一定是真的。
这看起来很对。
约书亚不是天文学家，他只是相信太阳绕地球转。
不过，先知都是真正有德行的人，也有生动的想象力。
他们引人入胜的讲述，可以归结为一个简单的信息。
爱你的邻人！

真正的宗教，只坚持正义和对他人的善。
其他一切有组织的宗教礼仪和仪式都与虔诚无关。
宗教就堕落为有害的迷信。
斯宾诺莎还认为，神迹是不可能的。
上帝就是自然，一切事物都不能违反基本的自然法则。
哇！
所谓“神迹”，只是我们还未发现其中原因的事。
斯宾诺莎尤其关注思想自由与表达自由，认为它们是政体健康运行的必要条件。
GOD IS NATURE
在一个自由的共和国中，每个人都听从自己的内心来思考，说他们想说的话。
*上帝即自然
喂！

所有以宗教之名压制理性自由的努力，最终都将适得其反，伤害整个社会。
应该由世俗政权而非宗教领袖来管理市民的生活。
哧溜！
因而，斯宾诺莎和霍布斯一样，认为甚至宗教事务也应该由世俗政权来管理。
允许教会人员介入国家事务，对宗教和国家来说都是灾难性的。

但是，不同于霍布斯，斯宾诺莎坚持民主是保障和平与进步的最好政体。
它最能体现自然所赋予的自由。
斯宾诺莎的《神学政治论》匿名出版于一六七〇年，谨慎起见，连扉页上的出版商和城市都是假的。
这个时代很危险，对于那些勇敢表达自己真实想法的人来说，尤其危险。
这本书引起了轩然大波，也遭到了恶意抵制。
这本书是邪恶的、无神论的，它会腐蚀读者的灵魂！
《神学政治论》被教会攻击，也被荷兰和其他国家的政府封禁。
一个批评者声称这本书是“魔鬼本人在地狱里创作出来的”。
甚至霍布斯都被斯宾诺莎的大胆吓了一跳。
我可不敢写得这么露骨！

一六七六年春天，一位神秘的访客来到斯宾诺莎位于海牙的家。
他是德国人，自称也是一位哲学家。
难道他是个间谍吗？
他非常想见见《神学政治论》声名狼藉的作者。

# 汉诺威

1686

戈特弗里德·威廉·莱布尼茨是这个世纪里伟大的百科全书式人物。

他在许多学科都取得了重大成就。

他发明了微积分，这是研究运动变化和无穷小量的数学工具。
等等！发明了微积分的人是我，他抄袭了我！
牛顿，你在说什么？
（他们可能是各自独立地发明了微积分。）
他还是一位发明家，设计了一种计算器。
一六七六年秋天，莱布尼茨启程返回德国，之前，作为美因茨选帝侯的外交官，他在巴黎生活了四年。
不要告诉我的老板，我在那儿真正做的是考察哲学。
他利用回国旅行的机会，转道荷兰拜访了斯宾诺莎。

身为路德教派成员的莱布尼茨，和被犹太教会除籍的斯宾诺莎势必会有一番长谈。
通过《神学政治论》，莱布尼茨知道了斯宾诺莎对宗教、圣经、神迹的看法。
我告诉你，这太令我震撼了，太震撼了！
但是莱布尼茨更想要了解的，是斯宾诺莎的形而上学。
你可以看一看我的《伦理学》手稿。
真的？上帝和自然是一回事？
你认为事物不可能有别的样子吗？
我们这个世界是唯一可能的世界吗？

斯宾诺莎对世界及其中万物必然性的强调，令莱布尼茨感到忧虑。
这可能是因为他自己的哲学似乎也很接近这种危险的结论。
我在这里最好留点神。
一六八六年，正为汉诺威公爵工作的莱布尼茨提出了一些自己的形而上学观点。
我只是做了一些微小的工作。
在他的《形而上学论》中，他认为可能的世界不止一个。
上帝创造了无数可能的世界。
但我们所在的这个世界是其中最好的一个。

这是因为上帝一定会创造一个最好的世界，否则他就根本不会创造任何世界。
如果这是可能世界里最好的一个，那为什么仍有这么多坏事发生呢？
地震、海啸、瘟疫、谋杀、畸形儿……
为什么智慧、正义、全善的上帝会创造这么一个诸恶盛行的世界呢？
我可以解释。

莱布尼茨创造了一个术语“神义论”来解释这个哲学难题。
你看问题的角度不对。
这个世界最好的地方你还没能看到。
这个世界之所以是所有可能世界中最好的一个，是因为它有最简单的法则、最丰富的现象。

作为最好的世界，并不意味着这个世界之中的每件事都得是最好的。
恐怕在最好的世界里也依然会有苦难，而非人人都快乐。
在油画里，阴影部分映衬着明亮部分。
在音乐里，不和谐音突显了和声。
所以，在最好的世界里也有缺陷，是它们让完美的部分更加突出。
哪怕少一个自然缺陷、少一种罪恶，世界也将不再是我们的这个世界，而且，少了突现其完美的部分，这个世界
就不值得被上帝选择了。
上帝允许罪恶的发生，不等于上帝就渴望罪恶。

上帝选择这个世界，是被智慧和正义所激励和决定的。
我说的是“决定”而不是“迫使”。
下一个！

莱布尼茨的上帝基于一个强制性的、不可抗拒的理由做出选择，但这依然是上帝自由的选择。
回去等通知吧！

从上帝选择创造这个世界开始，所有的事情——作为这个世界的一部分的万事万物——都有了必然性。
没有什么能在没有原因或理由的情况下发生，一切已发生的事都是被决定了的。

但是选择的可能性依然存在，事物产生的必然性不是逻辑的必然性，也不是绝对的必然性。
亚当和夏娃选择吃智慧果。
考虑到上帝选择了有这个亚当和这个夏娃的这个世界。
那他们就不可能不吃智慧果。
尽管如此，吃智慧果仍是他们自由的选择。
在这个世界里，这个亚当和这个夏娃吃掉了这个智慧果。这在逻辑上不是唯一的可能性。
另外的世界还可能有另外的亚当和夏娃，但是上帝可能不会选择其他的世界，因为它们配不上上帝的智慧。
妈妈，我被选中了！

和笛卡尔、斯宾诺莎，乃至亚里士多德一样，
莱布尼茨把实体作为现实的形而上学基础。
真正的存在，就是实体。
存在……
实体具有独立自存性，它的存在不需要依
附任何事物。
其他的存在，只能作为实体
的样态或者属性。
存在着许多的实体，
有肉体，有灵魂。
不，先生。只有一个实体，
就是上帝，或者叫自然，只有它是
独立自存的。其他一切都存在于
上帝或自然之中。
我必须站在笛卡尔这边。的确有许
多实体存在，实际上，有无限多个
实体。

我是一个实体。
你是一个实体。
狮子、老虎、熊，都是实体。
我得走了！
但是，莱布尼茨和笛卡尔的观点也有很大的不同。
我的概念
个体作为实体，其本质是完整的存在。
他相信，独立的存在物隐含着完全的自足性。
从其概念中可以推断出从属于这个实体的所有属性。
不只是在因果意义上，一个实体在任何意义上都不会依附其他事物。
当然，可以依附上帝。

属于实体或者成为实体的事物都不会来自实体之外。
一个真正的实体是能动的，具有完美的自发性。
它凭借自己的本质，独立完成自己的所有状态和行动。
每个实体的本质决定了它是什么，做什么。
让我告诉你，这是一个非常好的苹果！
亚当吃了苹果，这符合他的本质，
但这也是他的自由选择。
实体及其行动，是这个世界的基本特征。
亚当及其本质，只是被上帝选择的这个最好世界的一部分。

莱布尼茨总结道，如果任何实体都是其自身状态的能动根源，那么在实体之间就不会有因果性的相互作用。
等等！世界上的事物看起来绝对有互相作用，而且彼此有因果联系。
我约一个朋友在这里见面。
在确定的时间、确定的地点，他就来了。
我坐到了一个尖尖的东西上，
哎呀！
我的身体受了伤。
我的心灵感到痛苦。

如果没有因果性的相互作用，事物之间这些显著的联系是怎么发生的呢？
因为一切都是上帝的安排啊。
上帝在创世之时，设定了神圣的自然秩序，
上帝在所有事物之中预先设定好了彼此之间的和谐关系。这就是所谓“预定和谐”。

上帝按照特定的法则创造了各个实体，让他们遵循各自的法则，又互相和谐。
他们看起来互相影响，但实际上并不是一个决定另一个。
根据莱布尼茨的理论：
预定和谐
根据上帝创立的奇妙的、神圣的相互关联，所有实体的状态都分别来自他们各自的本质。
好比钟表匠制作了两座时钟，在同一时间上好发条。
当！
当！
当！
当一座时钟正午敲响时，另一座也同样报时，但二者没有因果联系。
人的心灵和身体的状态也是这样，每个实体都按照自己的本质存在，但是和上帝的伟大智慧与意志相一致。
是上帝让我成为最好的！

莱布尼茨毕生的心愿之一，就是用他的哲学来弥合天主教和新教的分裂。
我们为什么不能和睦相处呢？
所以，他将《形而上学论》的概要寄给了安托万·阿尔诺，后者是一位杰出而又极具争议的天主教神学家，二人之前在巴黎相识。
如此渊博又明理的人，一定会赞成如此优美的思想。
阿尔诺曾是法国冉森派运动中的领袖人物。那是一个小型的、主张苦修的天主教运动。

因为在神圣恩典及其他事情上的教义，冉森派教士受到法国王室和天主教会的迫害。
但是他们坚持原则，拒绝让步。
阿尔诺是个才华横溢又顽固异常的人，面对敌人，他不会让步一丝一毫。
我们绝不投降，上帝是站在我们这边的。
他也是一位有天赋的哲学家，年轻时，他就像霍布斯一样，对笛卡尔的《第一哲学沉思集》提出了一系列异议。
这些算是最好的不同意见了。
在许多事情之中，最让阿尔诺迷惑的是，笛卡尔如何用理智证明上帝的存在和全善，又借上帝的存在和全善来证明理智的可靠。
在我看来，你是在进行循环论证！

阿尔诺流亡国外的时候，读到了莱布尼茨的信。
好，这应该很有意思。
不夸张地说，他并未感到震惊，虽然他承认，读到信的时候他有点厌恶。
这些想法真是骇人听闻，(咳！咳！）天主教徒不可能接受这个。
莱布尼茨先生：我劝您不要再研究形而上学了……
“把注意力转移到拯救你自己吧。”
*安托万·阿尔诺
阿尔诺的个性是出名的急躁，而他严厉又不留情面的回应还是让莱布尼茨很吃惊。
真够粗鲁的！
毫无疑问，他这样做，会没朋友的。

尤其让阿尔诺心烦意乱的是，莱布尼茨关于上帝与人的自由的观点所带来的明显后果。
也许上帝曾自由地选择创造或不创造这个世界，
但是一旦这个世界被创造了……
所有因此而发生或将要发生在人类身上的事，就都有了一种宿命的必然性。
上帝在历史进程中将没有发言权。
上帝一旦创造了这个世界，
和这个亚当，
亚当将必然吃苹果，
而上帝也无能为力。
人类也将没有任何自由。
根据你的实体理论，亚当吃苹果不可能是他的自由选择！

莱布尼茨认为阿尔诺没有真正理解他的观点。
没有一件事能独立于上帝的意志之外。
上帝在创世之初，就知道这个世界的一切细节。
在所有世界之中，选择这个有特定亚当的特定世界，
正是因为它包含了事物的特定发展进程。
好斗的阿尔诺仍然没有被说服。
你在重复别人的看法，
这种必然性看起来和斯宾诺莎说的一样！
莱布尼茨很幸运，因为阿尔诺在流亡之中，承受着当局的很大压力。
哎呀，赶紧跑！

在莱布尼茨看来，实体不仅具有能动性和自发性。
还具有真正的统一性。
它必然是真正的“一”，而不是事物的简单堆积（比如一堆石头）。
也不可以仅仅是现象（比如彩虹）。
石堆或彩虹这样的事物，仅仅在人的感知之中才是“一”。

但现在有了一个问题。
一个物体一定是实体吗？
一个实体包含的都是物质吗？
问题在于，物质可以分为有广延的部分，每个部分又可以继续分为有广延的部分。
物质的切分
永无
止境
一直如此。
一个物质实体，看上去像是一个东西，结果只是一个无穷可分的集合，而且根本不真实。
这个问题一直困扰着莱布尼茨，贯穿他的整个哲学生涯。

首先，莱布尼茨认为存在着物质实体。
我的猫和一堆石头是有区别的。
但是一个有形的物质实体不能仅仅是被动的、可分的广延。
它需要有统一的、能动性的要素，
一只活着的猫是实体，
一些使它成为有机体的东西。
它的统一性和能动性来自形式（类似灵魂）与质料的结合。
一只死猫只不过是一堆物质。
我会想你的，喵基雅维利。

莱布尼茨是一位不知疲倦的思想家，他终于认识到，如果仅仅包含物质，不可能有真正的统一。
只有绝对简单、不可分的事物，才是真正的“一”。
而绝对简单和真正不可分的事物必然是精神性的：心灵或者灵魂。
莱布尼茨认为，在最基础的形而上学意义上，世界是由无限数量的、非物质的精神实体构成的。
我把这些精神实体
叫作“单子”，
它们是单一的、
简单的
统一体。
作为实体，单子是其自身一切状态和活动的能动源泉。
一个由上帝创造的单子不能对其他的单子产生因果性的影响。
单子没有窗户，任何事物都不能出入。

单子不是物质性的，不占据空间，它是精神性的，其内部状态是“知觉”，每个单子的知觉变化会反映在其他单子的变化之中。
世界上所有单子的知觉，都完美地和预定和谐相一致。
这看起来就像事物之中
存在着因果关系一样。
莱布尼茨在《单子论》中说，自然中的每个事物都是由单子聚集而成的。
这些精神实体才是真正的存在。
在物质世界中出现的事物——空间中的物体——只存在于单子的知觉之中。
单子是自然的真正元素，组成万物的基本成分。

莱布尼茨并非十七世纪唯一接受精神一元论的思想家——
认为自然万物都“充满了生命和知觉”。
可能是受了他读过的一部拉丁文著作的影响。
这部著作是一位博学的英国贵族写的。

# 剑桥和伦敦

1650

安妮·康韦是英国的女哲学家。

因为那时候妇女不允许进入大学，她便通过和亨利·莫尔通信来接受哲学教育。

莫尔既是笛卡尔哲学的支持者，又是反对者。

他认为，心—物二元论对宗教是有益的。

但是莫尔不同意动物没有灵魂的说法……

更不喜欢机械论，它去除了世界的一切精神性元素，只剩下了无生命力的、被动的物质。

这样的观点为物理学带来了严重的问题。
如何解释运动?
也带来了宗教方面的问题。
一个没有生命和灵魂的世界，这不就导向无神论了吗?
莫尔相信，自然中除了物质，还有别的东西。
万物生来有思想，只有这样才能解释我们的世界为什么具有能动性。
莫尔认为，“自然的精神”是能动的、非物质的原则，它来自上帝。
这种精神实体不同于物质，但是存在于物质世界之中。
它在莫尔关于运动的物理学之中扮演了重要角色……
如果只有物质的、机械的力量，那就什么也做不了。
也是莫尔与唯物主义、无神论长期论辩时的武器。

康韦子爵夫人从她的剑桥导师兼好友那里学到了很多，但是她比后者走得更远。
她认为，把精神力量加到惰性物质上去的说法远不到位。
上帝作为无限的精神，不会仅仅创造一些完全不像他的、无生命的物质实体。
上帝创造的每样东西都会在某些方面和上帝相似。
因此，一个物体不可能是一团没有一点生命力又丝毫不完善的死物。
在《最古老的和最现代的哲学原则》一书中，康韦放弃了莫尔的二元论，认为精神和物质或物体具有基本的相似性。
精神和物体有同样的性质。
每个物体都能转换成精神，反之，精神也都能转换成物体。
根据康韦的“生机论”，所有物体都是活跃的、能动的、有思想的。
任何物体都有生命或精神，都符合知觉原则。

精神和物体在性质上的相似，解释了人的心灵和身体是如何统一并互相作用的。
我的哲学改进了二元论。
二元论认为物体仅仅是广延，不可能有生命和知觉。
但康韦针对的不仅仅是笛卡尔，
她也反对霍布斯，
他坚持认为没有非物质的实体。
她还反对斯宾诺莎。
他把上帝和上帝的造物混为一谈。

说到斯宾诺莎，当莱布尼茨发展自己的哲学时，除了斯宾诺莎，另外一位哲学家也让他又好奇又困惑。
他是莱布尼茨在巴黎时遇见的一位天主教神父、神学家，他在哲学上追随笛卡尔和圣奥古斯丁，这使他的哲学观点显得奇特而又另类。
我不确定这家伙是太聪明……
还是太疯狂。

# 巴黎

1675

一天，尼古拉·马勒伯朗士走在塞纳河边，偶然发现书摊上在卖笛卡尔的《论人》。
好，看看这儿有什么吧？
马勒伯朗士为读到的内容而激动不已，他甚至需要放下书来平复自己的呼吸。
我的心怦怦直跳，得冷静冷静！
他在笛卡尔思想的基础上建立了自己的哲学。
我能让这个体系变得更好！
更大！
更强！
无论如何，马勒伯朗士不是个普通的笛卡尔主义者，
用一点笛卡尔……
他比笛卡尔走得更远。
再加一点圣奥古斯丁……

马勒伯朗士一度也是安托万·阿尔诺的朋友。
直到阿尔诺读到了马勒伯朗士的《真理的探索》，
什么？
和《论自然和恩典》。
啊？
马勒伯朗士终于领教了这位冉森派教士的坏脾气。
在出版这本大胆又荒唐的著作之前，你为什么不问问我的意见？
我问了啊，可是你这位“抱歉，我太忙了”先生，根本没有回答我！

马勒伯朗士满腔热情地接受了笛卡尔的形而上学。
心灵是思想实体，
物体是广延实体，
他们毫无共同点。
但是，和其他哲学家一样，他认识到，绝对的二元论给物理学带来了严重的问题。
如果物体仅仅是广延，那它就是被动的、消极的。
如果没有外力作用，没有主动的力量作为原因，那么物体就不能让自己或者其他物体运动。
住手！
那么，物体到底是怎么运动起来的？
还有，为什么他们会以这种方式运动呢？

事实上，马勒伯朗士认为，自然中的实体不是运动的原因。物体不能使其他物体运动，也不能使心灵运动。
心灵不能使物体运动，甚至也不能使自身运动。
上帝是运动的唯一原因。
开拍！
上帝是自然中一切事物的唯一的、直接的原因。
为了维护这种激进的观点，马勒伯朗士提出了很多形而上学论证。
我的工作不太有原创性，因为它们在笛卡尔的思想里都能找得到。
哦，可能也有一点是我原创的。

他主张“上帝护理世界”的学说，认为上帝不会在创造世界之后就放任不管。
在创世之后，上帝时时刻刻地照管着这个世界，以及其中万物。
就仿佛最初的创造活动永不停止。
当照管一个物体时，上帝一定会时刻将其置于与其他物体相对的位置。
若从一个时刻到下一个时刻，上帝让这个物体处于不同的相对位置，那这个物体就是在运动。
若上帝让它处于同样的相对位置，那它就是静止的。

物体运动仅仅是因为上帝移动了它们。
一个物体对另外一个物体的撞击，不是后者运动的原因……
……而只是其运动的偶因，因为按照自然规律，是上帝让它运动的。
那么，人的心灵也不能导致身体的运动。
心灵的意志力仅仅是上帝移动身体的一个偶因，这就是心灵和身体相联系的实质。
这样，心灵和身体如何互相影响的问题就不存在了，
因为它们根本没有互相影响！

马勒伯朗士又从自然因果观出发为自己的“偶因论”辩护。
在因果之间存在着必然联系。
如果原因发生，结果必然发生。
但是在我的意志和我身体的行动之间，
没有必然联系。
因为人类不是全能的，一个人很可能想要抬起她的胳膊却做不到。
来！
不是必然如此。
但如果上帝想要什么事情发生，它必然会发生。
*上帝的意志
GOD'S + WILL
这才是命中注定的全能。

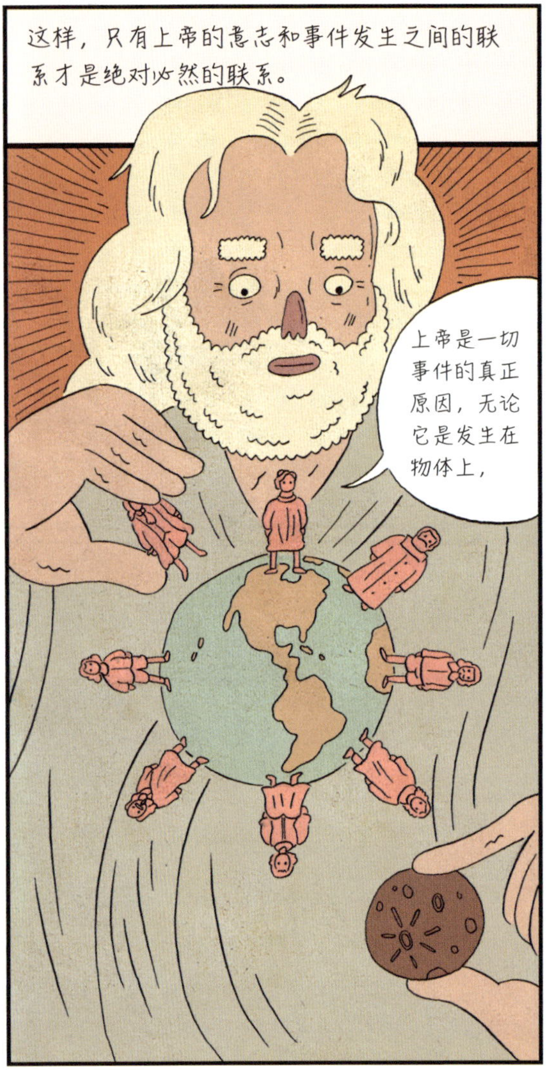
这样，只有上帝的意志和事件发生之间的联系才是绝对必然的联系。
上帝是一切事件的真正原因，无论它是发生在物体上，

还是心灵上。

当一个物体被另外一个物体冲击时，上帝使它从静止变为运动，

同样，当心灵想要驱使身体运动的时候，上帝就会使身体运动。

当身体受到影响的时候，上帝也会让心灵产生感觉。
当我被尖锐物体刺中的时候，上帝让我感到疼痛。
当我想要把尖锐物体从身体里拔出的时候，上帝移动我的肌肉，好让胳膊朝伤口的方向动。
物质运动和精神状态，不过是上帝行动时的偶因。
把我们周围的世界中的事物当作真实的原因，会导致盲目的偶像崇拜，我们就会崇拜事物而不崇拜上帝，认为这样就能获得幸福快乐。

这有点疯狂，难道不是吗？
既然万事万物都由上帝创造，自然中就应该充满着神迹。
你不理解什么是神迹。上帝创造了一切，但这并不是神迹。
神迹指的是一些超出自然实体的力量而发生的事。按照你的观点，自然实体根本没有任何力量，全是上帝的力量，那岂不是到处是神迹？
不！所谓神迹，就是违反自然法则的事件。但上帝的行为是符合因果律的，也是符合自然法则的。
好吧，至少我们都同意有限实体之间是没有相互作用的。
戈特弗里德，乐观些总是好的！

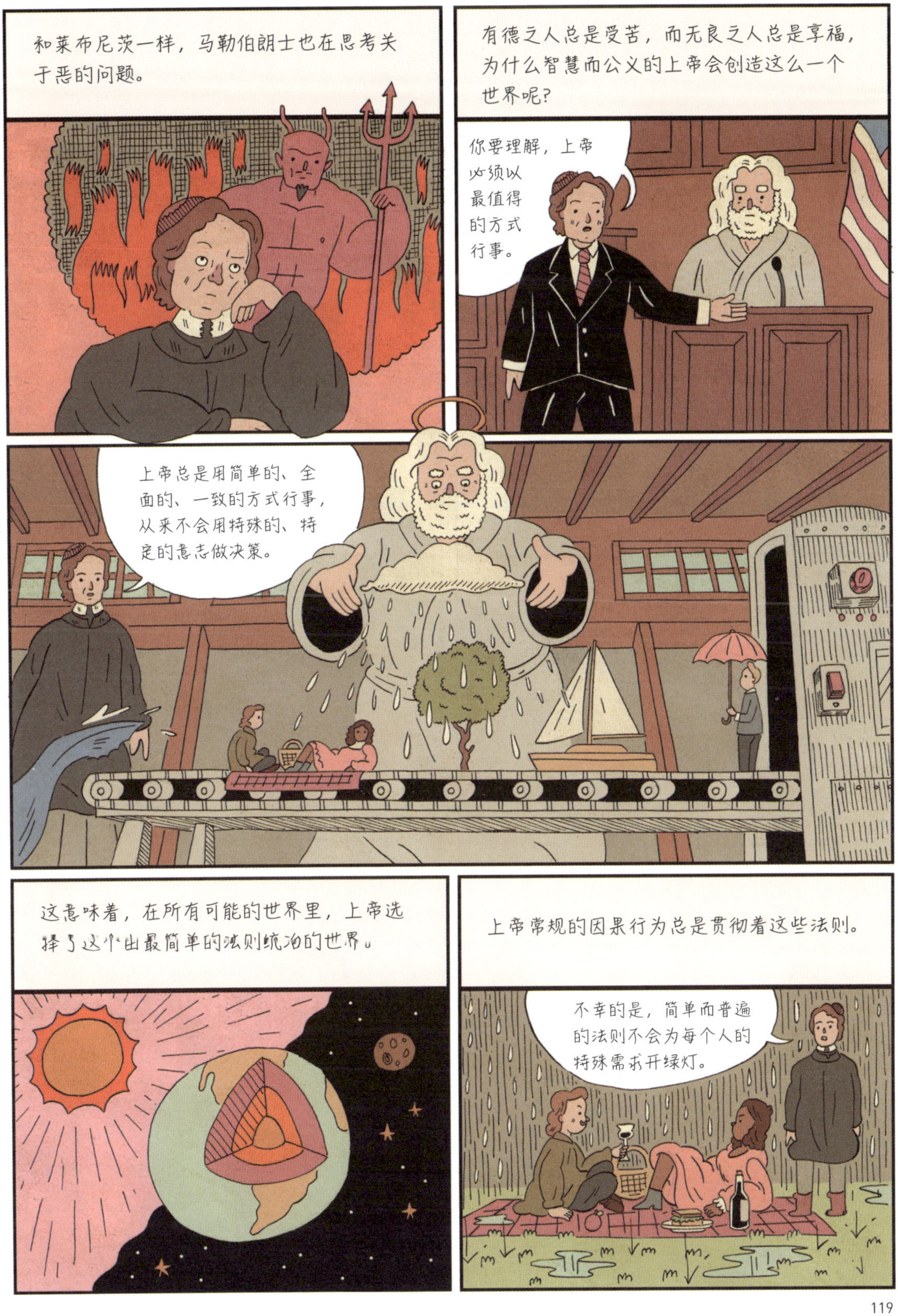
和莱布尼茨一样，马勒伯朗士也在思考关于恶的问题。
有德之人总是受苦，而无良之人总是享福，为什么智慧而公义的上帝会创造这么一个世界呢？
你要理解，上帝必须以最值得的方式行事。
上帝总是用简单的、全面的、一致的方式行事，从来不会用特殊的、特定的意志做决策。
这意味着，在所有可能的世界里，上帝选择了这个由最简单的法则统治的世界。
上帝常规的因果行为总是贯彻着这些法则。
不幸的是，简单而普遍的法则不会为每个人的特殊需求开绿灯。

自然法则不会总是给每个个体带来最好的结果。
我们阅兵的时候，偶尔会遇到大雨。
上帝可以用特殊的、特定的意志阻止这场大雨，
或者阻止海啸摧毁渔村，
或者保护一个正义的人免受恶人的伤害。
但是这么做就意味着上帝要破坏自然法则。
所以我们不能指望上帝接二连三地行使神迹。

上帝不会为了个别事件的便利，而破坏最简单、最合适、最普遍的法则。
上帝不喜欢恶，但他仍然允许恶的发生。
莱布尼茨对此表示同意，易怒的阿尔诺则强烈反对，大为震惊。
什么？上帝有自己的偏好却无法实施？上帝的意志难道是无效的吗？
上帝还是全能的吗？真是个可怜的神，想做的事情不能做！
好吧，你可以拥有一位为所欲为的上帝，但我更想拥有富有智慧与正义的上帝。
上帝走的是正确的道路。
你既不理解笛卡尔，也不了解奥古斯丁。
而你，先生，只是一位伪新教徒。
先生们！我们能不能好好吃顿早午餐？

阿尔诺和马勒伯朗士热火朝天地争论了十年。
他们的争论是十七世纪知识界最著名的事件之一。
在我看来，阿尔诺先生脾气太大，马勒伯朗士先生则有点失去理智。

# 伦敦

1689

一六八三年，一位由牛津大学培养出的英国哲学家仓促地离开了家乡。
再见！
约翰·洛克被怀疑参与了一场谋杀查理二世和他的兄弟约克公爵詹姆斯（即后来的詹姆斯二世）的阴谋。
我们要捉住这个家伙。
如果在斯图亚特王朝没有朋友，他可能不会被卷入阴谋之中。
但是，与其追悔，不如保命。
在被他们找到之前，我最好离开这儿。
洛克和他的保护人兼好友——沙夫茨伯里伯爵一起逃到了荷兰。
他在荷兰待了六年，直到奥兰治的威廉亲王（即后来的威廉三世）胜利之后才回到英国。

洛克关心的是，信奉天主教的詹姆斯二世即位之后，英国的未来将会如何，他在阿姆斯特丹一安顿下来，就拿起羽毛笔，为自己的《政府论》添加了新的内容。

在这部著作里，洛克解释了公民社会的理论渊源和真实目的。

和霍布斯一样，洛克认为社会的基础是一种从自然状态中产生的契约。

但是，比起英国老同行霍布斯，洛克构想的自然状态显得更为和平。
自然状态不是战争状态。
人们按照理性原则来生活，没有更高的权威和政府来对他们进行裁决。
这是一种拥有完美自由与平等的状态，任何人都可以按照自认适宜的方式安排自己的生活。
然而，他们也不能完全为所欲为。
嘿！
即使在这种自然状态中没有更高的主权者、君主、统治者，
还是有自然的法则。

道德原则对所有人都有效，无论他们是谁，生活在何时何地。
自然法则独立于神圣法令和公民法律。
自然法则是由理性独立推导出来的，支配着自然状态下的生活。
自然法则规定每个人必须为自己的生存而奋斗，并尽可能地保障他人的生存。
人不可以危害他人的生命、自由、健康以及财产。
在政府缺席的情况下，
任何人都有权执行自然法则，
并惩罚违反自然法则的人。
在这个无政府却有着普遍和平的状态中，一个人 通过将“劳动和某种事物相结合”而获得财产。

他也将得到相应的权利，拥有他自己经手的一切——
他耕种的土地，
他打制的桌子，
或者被他烤成苹果派的苹果。
不幸的是，自然状态不总是和平的，也会出现不平等……
和不可避免的财产纠纷。
嘿！这是我的！

自然状态有诸多不便，对和平也构成了威胁，其问题在于，没有一个被普遍认可的政府，每个人都是……
自己事务的法官。
被理性引导的个体试图离开自然状态，组成一个能够保障自己生命、自由和财产权的公民社会。
建立国家的目的不是废弃或者限制自由，而是保持并扩展自由。

当每个人自愿放弃自己的一部分自然权利，并把它交给一个更大的共同体，公民社会就由此创立了。
不论在哪儿，一定数量的人们团结成一个社会，每人放弃自己行使自然法则的权力，把它委托给集体，这就是政治社会或者公民社会。
唯有经过被管理者的同意，绝非通过强力，或神圣法令——
合法的政府才能存在，它有权为了公众利益制定和实施法律。
通过这种初始契约，每个人迫使自己服从大多数人的决定。

在洛克看来，君主专制政体无法将行政、司法、立法的权力分开，和公民社会相矛盾。
当人民要解决与统治者之间的分歧，甚或试图反对统治者时，在专制君主之上，再没有更高的权威能够进行裁决。
这就是洛克不同于霍布斯的地方。
专制君主和他的臣民实际上还是生活在自然状态之中。
他和霍布斯在是否允许反抗主权者的问题上也有不同。
有时候，你只有用这种办法才能讨回公道。
当一个政府不能履行它和人民之间的协议，无法保护生命、自由和财产安全，公民便可以推翻它。
当国王成为暴君，人民有权反抗。
洛克希望英国人民把这个教训牢记在心。

洛克在阿姆斯特丹的时光，并没有完全被思考政治理论填满。
流亡生活的确有很多空闲时间。
他还完成了《人类理解论》，一部关于人类知识来源和性质的书。
我能做得比笛卡尔更好。
洛克捍卫着一种彻底的经验主义哲学。
心灵中的所有观念、产生的所有思想，都直接或间接地来自经验。

一些近代思想家认为，在人类的理智中有天赋的观念，也就是独立于经验的、在心灵中先天存在的概念。
上帝在创造我的时候，就把一些观念放在我的心灵之中。
每个心灵中与生俱来的“共同观念”就是宗教和道德。
雪堡的赫伯特勋爵
有些真理人们生来就知道。
这是上帝，我们敬拜他。
美德是虔诚之本。
饿
要避免恶行。
善者进天堂。
不善者下地狱。

这些天赋观念或共同观念解释了我们是如何先天地认识了某些真理……
我是这样认识上帝的，
我就这样认识了广延，
我这样认识了灵魂……
并帮助我们把经验组织起来。
这些观念使我们形成了对于事物的认识。
对，是这样。
洛克将《人类理解论》的整个第一部分都用于反驳天赋观念论。
等我把这本书写完，他们一定会后悔相信天赋观念。
天赋观念的支持者宣称，这世上有很多真理是每个人自然而然就会赞同的。
三角形有三条边。
上帝创造我们，我们敬拜上帝。
他们认为，对于这种普遍共识，最好的解释就是，天赋观念存在于我们每个人的心里。
没问题，干得不错，吃午饭吧。

事实上，这个论证正说明了天赋观念不存在，因为我们找不到每个人都赞同的真理。
显然，儿童和白痴就不懂最明显的逻辑真理。
存在是什么？我不懂。
啊？同一个东西不能既存在又不存在？
很多人不知道“己所不欲，勿施于人”。
如果关于上帝的观念是天赋的，那就根本不会有无神论者或者不信宗教的民族，但显然不是这样的。

洛克想，天赋观念论的支持者很可能这样反驳我：“天赋观念及其内在的原则是我们不能彻底想通或有意识理解的。”
啊？那这些是无意识的吗？
但他马上认识到这种想法的荒谬并加以反对。
对！这个想法太荒唐了。
灵魂中不可能有那种我们不能确实感知和理解的真理。
若一个命题既无法被认识，也不能被思考，就不能说它存在于我们的思想中。
洛克坚持认为，用天赋观念来解释我们如何获得知识，实际上是不成立的。
我可以告诉你，我们其实是通过经验，再运用我们自身的认识能力，才得到知识的……
这就是《人类理解论》其余部分的内容。
不需要任何天赋观念或天赋原则。

洛克说，人刚出生的时候，心灵一片空白——就像一块“白板”。
和白纸一样，没有任何字迹，没有任何先天的观念。
对此，我的回答可以归结为一个词：
但是，你们可能会问：人类的想象纷繁多样又无边无际，
它以各种方式用到的大量观念是从哪里来的？
EXPERIENCE
*经验

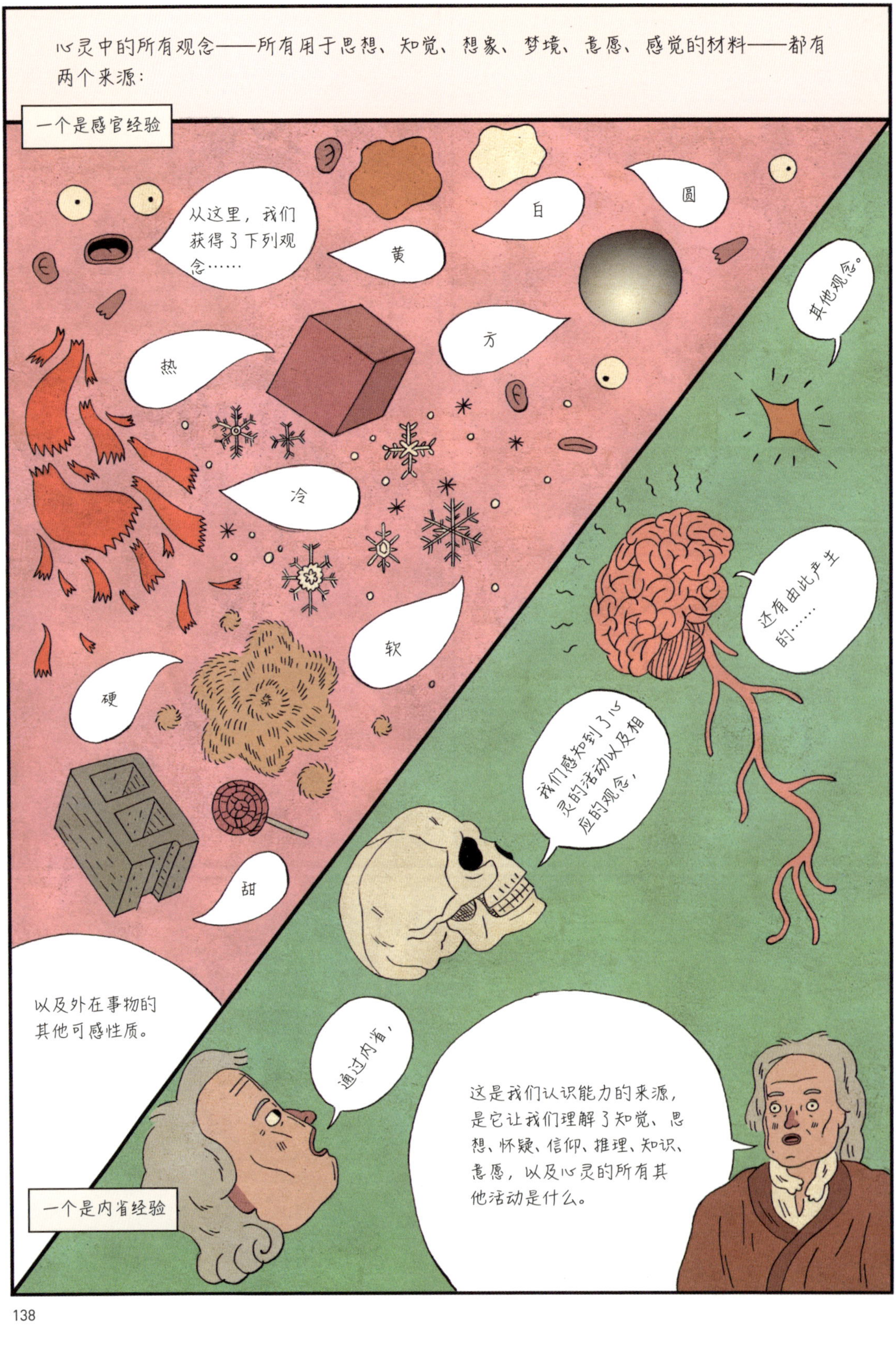
心灵中的所有观念——所有用于思想、知觉、想象、梦境、意愿、感觉的材料——都有两个来源：
一个是感官经验
从这里，我们获得了下列观念……
黄
白
圆
方
热
冷
软
硬
甜
以及外在事物的其他可感性质。
一个是内省经验
通过内省，
我们感知到了心灵的活动以及相应的观念，
还有由此产生的……
其他观念。
这是我们认识能力的来源，是它让我们理解了知觉、思想、怀疑、信仰、推理、知识、意愿，以及心灵的所有其他活动是什么。

心灵中的观念有的简单，有的复杂。
玫瑰花的观念是一个复杂观念，它由一些简单观念组成，每个简单观念代表某种简单的属性。
红的颜色，
花的形状，
芬芳的气味。
一些复杂观念是心灵被动接受的……
SNIFFFFFF
*嗅
其他复杂观念是心灵把许多简单观念或复杂观念组合在一起而形成的。
洛克坚持认为他的理论能够解释一切观念的形成。

即使我们最复杂的观念，也是从经验出发，或者直接形成，
或者经过心灵最后加工而形成的。
是吗？“灵魂是一种非物质的精神”，对这种观念该怎么解释？
这好解释，不过是简单的思想观念……
和行动观念的结合。
灵魂观念是通过内省得到的，它只是去掉了广延和体积。
嗯，好吧，那怎么解释关于上帝的观念呢？
也没问题。

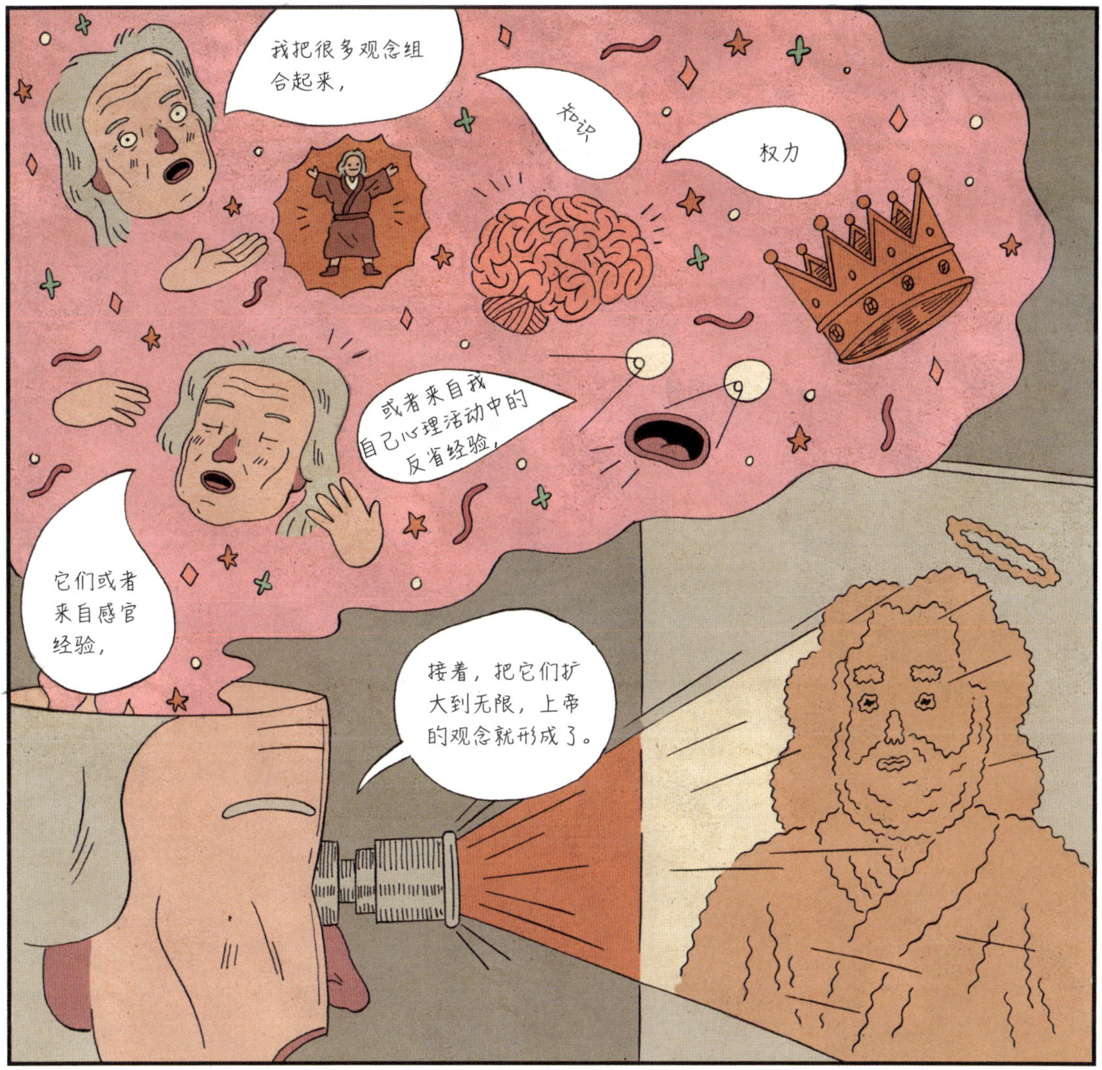


洛克警告我们说，虽然心灵中的感官观念是由外部事物的性质引起的，但不是所有的感官观念，都和这些外部事物的性质相类似。

一六五五年，自然哲学家罗伯特·波义耳在牛津建立了自己的实验室。
几年后，正在深造医学的洛克开始协助波义耳在化学及其他领域进行实验。
波义耳是机械论哲学在英国的主要代表人物，他批评了亚里士多德关于形式和性质的概念。
所有物理现象都可以解释为……
人类感觉不到的物质颗粒——“微粒”的……
运动、静止和纠缠。
所有单个微粒只有三个基本属性：大小、形状和动静。
（唯有）它们是物质的第一性质。
微粒的聚集和排列组成了物体的“纹理”结构。
当一个物体作用于另一个物体时，除了运动、以及运动引起的“纹理”结构变化，施力的一方没有在受力的一方身上制造出任何其他事物。
*咣

物体的所有活动或力量，不管多复杂，都只是其第一性质及结构在起作用。
就像钥匙可以开锁，不是钥匙有精神的力量或者神秘的能力。
而只是锁的形状和钥匙的形状相匹配。
同样，事物能被我们理解的可感性质（如看起来是红的、闻起来是香的）仅仅是心灵中的知觉而已。
这是因为外在事物微粒的结构影响了眼睛、耳朵和其他感官。
对这种需要依靠第一性质才能解释的物质性质，波义耳使用了一个新词。
颜色、气味等等，叫作第二性质，
它们依赖更为简单更为基本的第一性质。
波义耳的微粒在原则上是可分的（因为它们有广延），但也许只有上帝才能把它们分开。
但它们如此之小，如此坚固，几乎无法分割。

另一个影响了洛克的微粒论者是法国的思想家皮埃尔·伽桑狄。
伽桑狄受了古代原子论者伊壁鸠鲁的影响。
事物最终的组成部分是微小的、坚固的、不可破的、不可分的物体。
他说得对。
然而，伽桑狄的原子和许多机械论者心目中的惰性物质不一样。
它们有重量……
有天赋的、自然的、与生俱来的运动倾向，内在地有一种推进力或者动力。
伊壁鸠鲁学派的极小的原子被一片虚空包围，伽桑狄的原子也是在一片空间中运动。
这就让原子可以相互接近或远离，它们会从其他原子上弹开，
但也会纠缠在一起，形成更大的结构。

伽桑狄并没有把原子论宣布为绝对可靠的真理。
哦，我承认我实际上从未看见过一个原子。
他喜欢在科学上持一种谨慎的、带点怀疑的态度。
哼！
但是，原子论优良的传统吸引了他。
他将原子论视为解释现象的最佳经验主义假设。
是感官经验将我带到了这里。

是否存在一种更好、更简单的方式，让我们可以理解那些我们确实看得到的物体的体积、形状以及所有其他属性，
而不只是靠探讨我们根本看不见的小物体的体积、形状和运动？
伽桑狄的经验主义也拒绝了天赋观念。
心灵中的任何观念，要么直接来自感官，
要么来自对感官获取的信息的加工。
因为波义耳和伽桑狄，洛克从微粒说自然哲学和经验主义认识论之中汲取了大量养分。

受波义耳的影响，洛克认为心灵中的一些观念反映了物体的第一性质，这些性质即使不被人感知，也存在于事物之中。
在火或者雪的微粒中，大小、数量、运动等性质都是真实的……
无论被谁感知，这些性质都是真实的。
我所感觉到的雪球的形状，反映了雪球的真实性质。
物体引发的另外一些感官观念就反映不了它们自身的性质。
我感觉到的白色和冰冷并不在雪中，感觉到的光和热也不在火中。
SPLAT!
啊！
被针戳刺的疼痛不在针里。
被雪球打中的疼痛也不在雪球里！

这些知觉反映不了物体自身的性质。
第二性质不存在于物体之中，这种观念仅仅表达了物体引发各种感觉的能力。
它们依赖第一性质（如体积、形状、结构、运动）而存在。
我看见的红色，只是玫瑰花中的微粒结构以特定方式把光的粒子反射在我眼中的结果。
这种对观念的区分展现了机械论哲学是如何解释自然，以及自然是如何反映在心灵中的。
我们的感官观念是相当肤浅的，
通常，它们给我们的仅仅是相对的、片面的知识，而非自然的深层本质。
但恐怕我们已经离不开这些观念了。

洛克坚持认为，甚至对自然物种的区分也只是一种基于人类感官经验的创造。
我们用来区分物种的标准，也是我们发明的。
事物的“真实本质”总是向我们隐藏自身。
我无法知道物体内部的微粒构造是什么样子。
即使我可以知道物体的内部构造，也无法了解物体有什么样的性质和能力……
也不知道它是怎样影响其他物体和心灵的。
咔嚓！
为了给事物分类，我们必须依赖“名义本质”，它是心灵根据感官经验组合而成的抽象观念。
一块金子是什么？不就是我把包括金色、延展性和其他可见的属性综合在一起而形成的复杂观念吗？

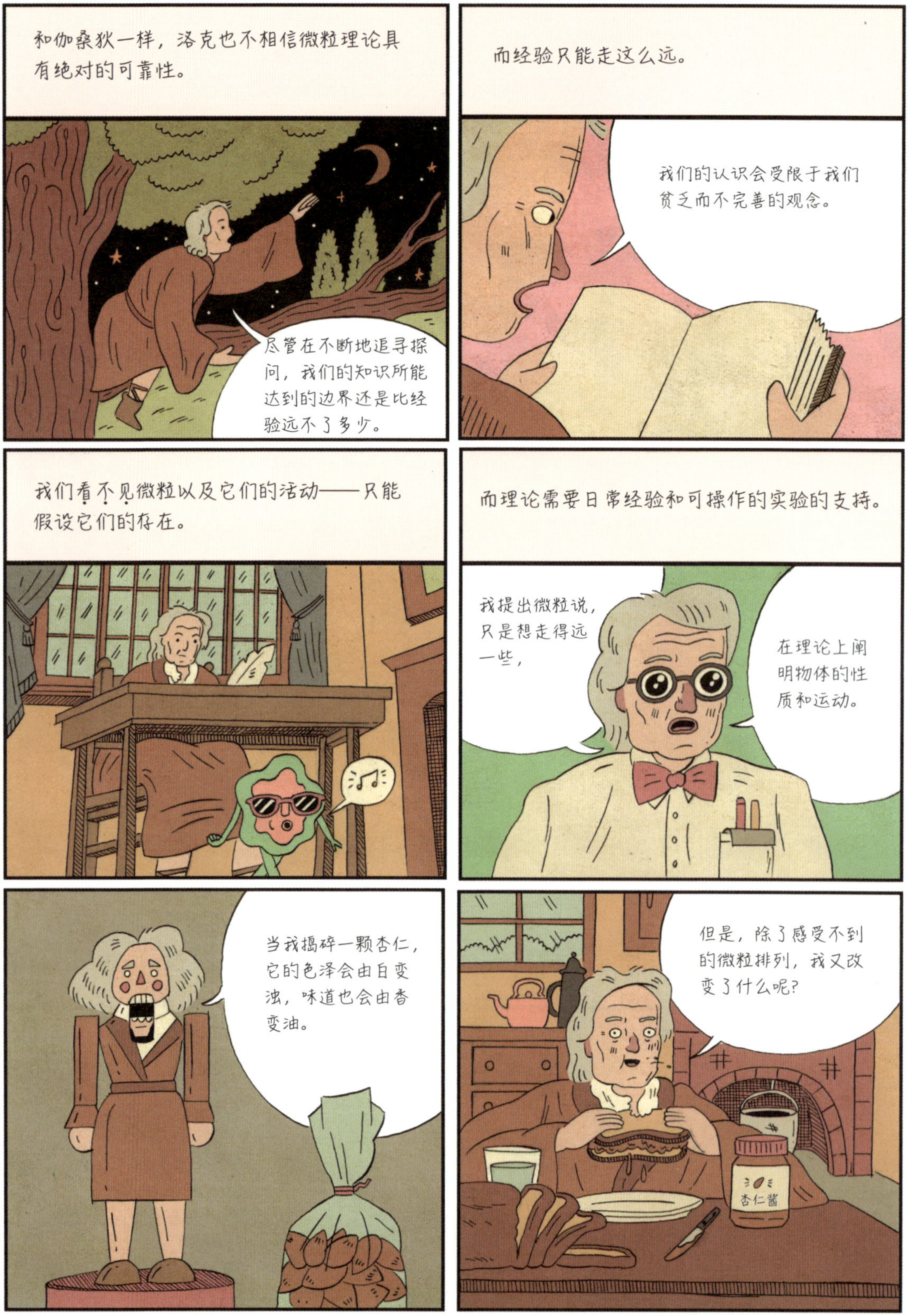
和伽桑狄一样，洛克也不相信微粒理论具有绝对的可靠性。
尽管在不断地追寻探问，我们的知识所能达到的边界还是比经验远不了多少。
而经验只能走这么远。
我们的认识会受限于我们贫乏而不完善的观念。
我们看不见微粒以及它们的活动——只能假设它们的存在。
而理论需要日常经验和可操作的实验的支持。
我提出微粒说，只是想走得远一些，
在理论上阐明物体的性质和运动。
当我捣碎一颗杏仁，它的色泽会由白变浊，味道也会由香变油。
但是，除了感受不到的微粒排列，我又改变了什么呢?
杏仁酱

返回英国后，洛克很快出版了《人类理解论》和他的一些政治著作。
这部著作首先被翻译成法语，对启蒙运动产生了很大的影响。
好！
太棒了！
精彩！
莱布尼茨就是深受触动的一个，
这个出色的英国人写出了这个时代最好的著作。
但是他并不服气。
不幸的是，他错得实在离谱。
他决定写一本书，逐章逐节对洛克的观点提出质疑。
这本书的名字就叫《人类理智新论》
嗯哼，第一部分！

莱布尼茨尤其不认同洛克的经验主义。
当然，感官对于知识来说是至关重要的，
但是只有感官是不够的。
问题在于，感官经验带给我们的只是关于事物的单一的、瞬间的印象。
我看见这朵玫瑰是红的，
那一朵也是红的，
其他玫瑰也都是红的。
这些特例可能支持一个普遍的真理，
看，这朵玫瑰是黄色的！
所以，玫瑰是红的……就我所能看到的而言。
但是通过经验得到的真理没有普遍的必然性。

莱布尼茨认为，经验只能向我们展示特定时间内偶然发生的事情。
我正站在花丛之中。
我发现了黄色的玫瑰！
但经验不能告诉我们，什么事情一定会发生，什么事情应该发生。
三角形的内角和必然等于一百八十度。
我应该对我的同胞表现出仁爱之心。
必然的知识，比如数学、逻辑、形而上学、伦理学，不能通过经验得到证明。
我们的感官永远不能告诉我们什么是正义……
也不能告诉我们为什么应该崇拜上帝……
同样不能告诉我们二加二为什么等于四。
要证明上述事情的必然性，只能通过天赋的、内在的原则。

莱布尼茨说，洛克理论的缺陷在于——
嘶嘶……
人的心灵知道的事情中，肯定有一些是单凭经验无法解释的。
为什么我们一定要靠认识外物来获知一切？
我们就不能从自己身上发掘些什么吗？
我们和动物的区别就在于，动物从不自己构建命题。
但是我们人类可以通过论证命题建立科学体系。
嘿！你的世纪还没到呢！

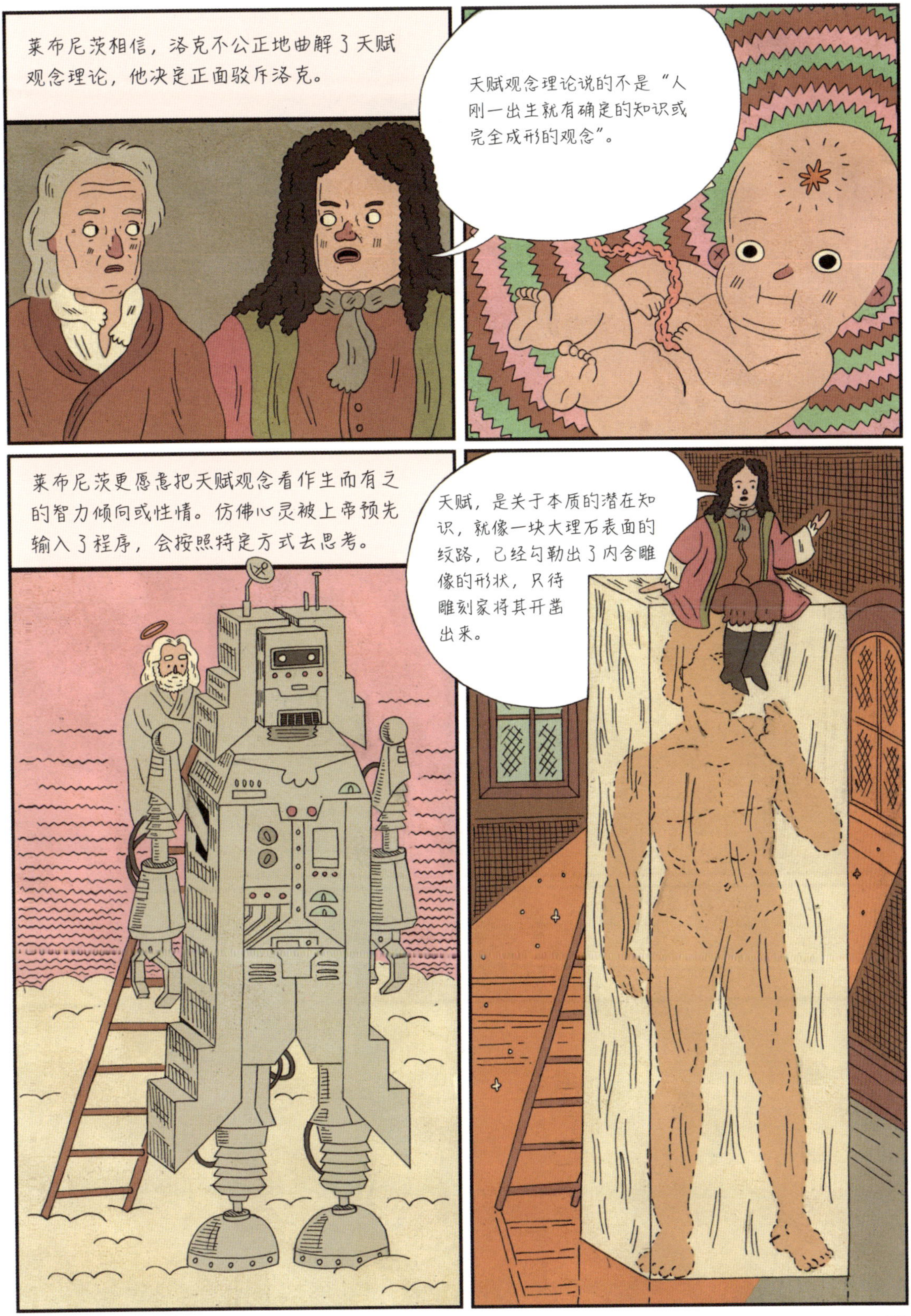
莱布尼茨相信，洛克不公正地曲解了天赋观念理论，他决定正面驳斥洛克。
天赋观念理论说的不是“人刚一出生就有确定的知识或完全成形的观念”。
莱布尼茨更愿意把天赋观念看作生而有之的智力倾向或性情。仿佛心灵被上帝预先输入了程序，会按照特定方式去思考。
天赋，是关于本质的潜在知识，就像一块大理石表面的纹路，已经勾勒出了内含雕像的形状，只待雕刻家将其开凿出来。

心灵甚至不需要意识到自己有这种天赋的思考能力。
即使在我们心中有一些真理是自己从未想到过，或将来也不会想到的……
真理
也没有任何问题。
洛克在《人类理解论》中，已经反驳过这个观点，认为它很荒谬。
如果它在思想中，
我们就知道它在那儿。
当他第一次看到莱布尼茨对他的批评意见时，无论是对意见本身，还是对莱布尼茨其人，都很不以为然。
连这个最聪明的人也不过如此嘛。

对于洛克的反应，莱布尼茨并不吃惊。
我们在原则上差别太大。
一七〇四年，就在“新论”快要完成的时候，莱布尼茨听到了洛克去世的消息，他决定不再出版这本书。
我现在不可能得到洛克先生的回应了。
而且，批评一个不能再捍卫自己主张的人，是不公平的。
莱布尼茨对洛克的批评，最终和其他未能出版的大量论著、文章、笔记一起存放在汉诺威。直到今天，这些手稿中还有不少未经发表。

笛卡尔的哲学影响了整个十七世纪的欧洲，在巴黎和其他城市的沙龙和知识圈风行一时。

然而，也引发了许多问题。
你的哲学完全不符合教会的神圣奥秘！
你不相信任何东西！
你的科学存在缺陷！
你这个怀疑论者！
你是一个无神论者！

笛卡尔将物体归为广延的学说触怒了天主教会。
如果像颜色、味道、气味这样可感的性质都不是真实的，
那面包又怎么成为圣餐呢？
自然哲学家认为笛卡尔的物理学给不出对“力”的合理解释。
物体的运动、彼此的吸引、排斥——你怎么解释这些现象？
嗯……
上帝？
一些批评者怀疑笛卡尔的宗教信仰是不虔诚的。
他关于上帝存在的证明是错误的，
这一定会导致人们放弃对上帝的信仰！
笛卡尔的追随者反对这样的攻击，捍卫着他的学说。
别担心，勒内！我们替你挡着！

然而，在十七世纪末，笛卡尔在自然哲学上的一位竞争对手会取得最后的胜利。

# 伦敦

1703

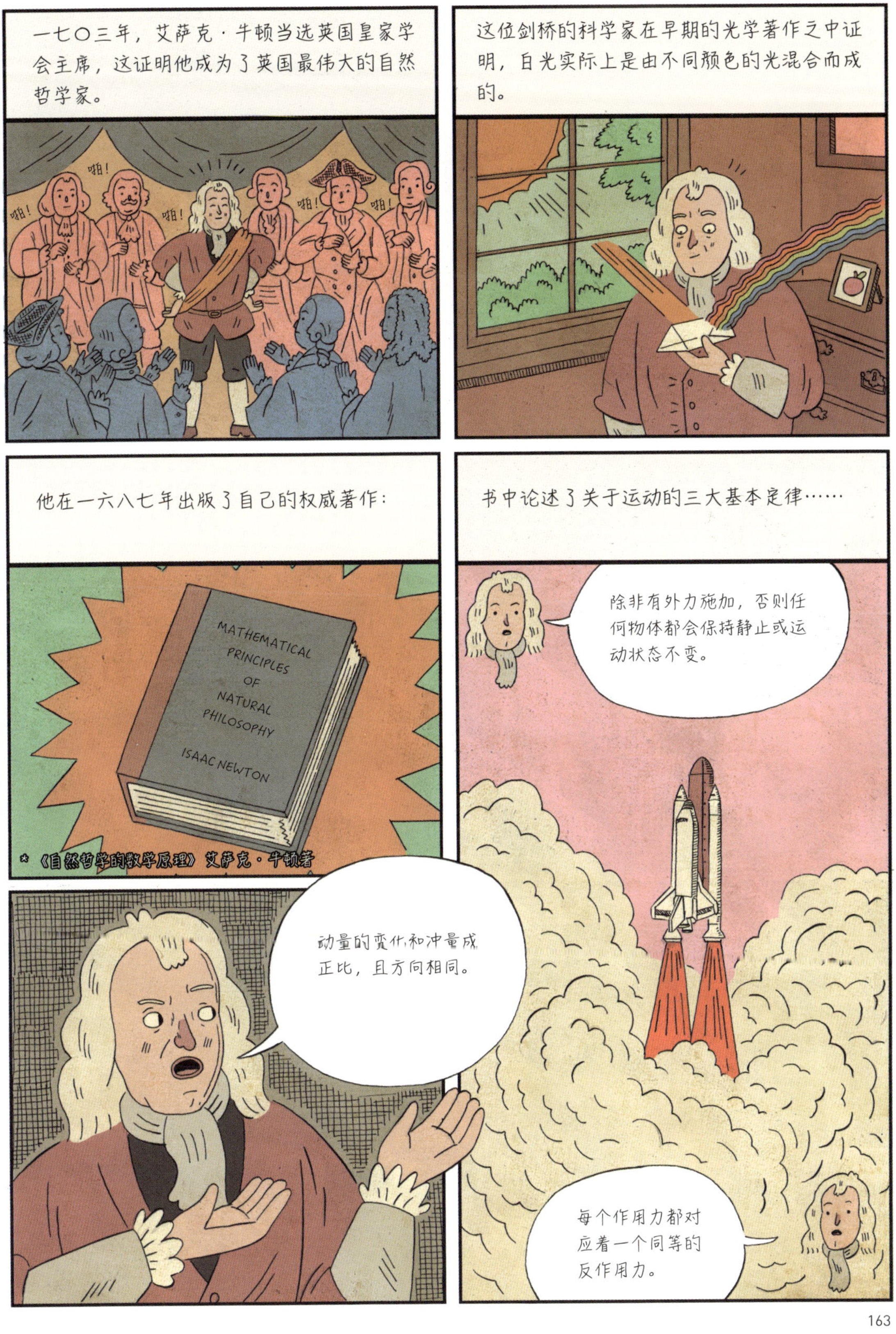
一七〇三年，艾萨克·牛顿当选英国皇家学会主席，这证明他成为了英国最伟大的自然哲学家。
啪！
啪！
啪！
啪！
啪！
这位剑桥的科学家在早期的光学著作之中证明，白光实际上是由不同颜色的光混合而成的。
他在一六八七年出版了自己的权威著作：
MATHEMATICAL PRINCIPLES OF NATURAL PHILOSOPHY
ISAAC NEWTON
*《自然哲学的数学原理》艾萨克·牛顿著
书中论述了关于运动的三大基本定律……
除非有外力施加，否则任何物体都会保持静止或运动状态不变。
动量的变化和冲量成正比，且方向相同。
每个作用力都对应着一个同等的反作用力。

从而推导出了万有引力定律。
重力和固体物质质量成比例，并且——
咚！
啊！
如果延伸到无穷远，重力总是按照距离的平方逐渐减少。
牛顿坚持认为，物体的“第一”性质要比笛卡尔、波义耳、洛克列举的更多。
所有物体都是坚固的、不可破的、可以运动的，
所有物体都借惯性的力量保持着运动。

但是，牛顿否认万有引力或重量是物体内在的基本性质。
他强调这是一种不断作用于宇宙中所有物体的力量。
宇宙中的一切物体……
总是彼此吸引。
同样的力量使得行星和彗星都在轨道上围绕太阳转，使得月亮绕着地球转。
也使得苹果掉在地上。
真的又掉下来了？
有时，牛顿似乎又把重力当作一种神秘力量，这种力量能在没有任何其他力量介入的情况下，操控空旷的宇宙。
尽管如此，他还是坚持认为重力（或者磁力、电力）不是某种隐藏着的“神秘性质”。
很简单，这个现象只是表明这种力量确实存在。

而且他认为，远距离的物体之间不可能有真正的相互作用。
在没有物理接触的情况下，无生命的、无知觉的物体……
作用于其他物体并发生影响，这太不可思议了。
一定有某种难以察觉的力量作用于可见的物体，这才能够解释它们为什么会相互吸引。
一个物体不能通过真空，在远处影响其他物体，除非有其他物质的或非物质的事物作为媒介。
有时他也愿意思考万有引力的潜在原因究竟是什么。
这其中一定有某种原因。

在给波义耳的一封信中，他提议用以太——一种比空气稀薄的物质——来解释这一切。
有一种非常精细的、不可见的物质，一种微妙的精气，
它围绕并渗透着一切物体。
其微粒的运动推动着可见的物体彼此接近。
有时候，他又会将一切归因于上帝。

但是牛顿的首选立场是不可知论。
重力、
磁力、
电力是如何起作用的呢？
我不知道。
他也不想“假设”隐藏的原因。
我不杜撰假说。*
*原文为拉丁语，HYPOTHESES NON FINGO.
牛顿不愿意假设一些无法检验的因果联系，来解释为什么物体会彼此吸引。
让笛卡尔和莱布尼茨来玩这个游戏吧，我有更好的事情要做。
什么？你不喜欢我的解释吗？
不，我不喜欢。没有经验证据可以支持这种形而上学的推测。

只要不是从经验现象中推导出来的结论，都叫假设，或者推测，
不管是形而上学的，还是物理学的，又或者基于什么神秘性质，这种推测在实验哲学中都没有位置。
牛顿更愿意把知识限制在可知的自然力量（如“可以证明的性质”）中，而不会钻研那些不可见的原因。
我仅从数学而非物理的视角去思考这些力量。
但是，我的朋友啊，比起无根据地、形而上学地推测因果关系，你还有个更大的问题。
笛卡尔把物体等同于广延，也就让物体等同于空间。
宇宙是充满物体的空间。
物体无处不在。

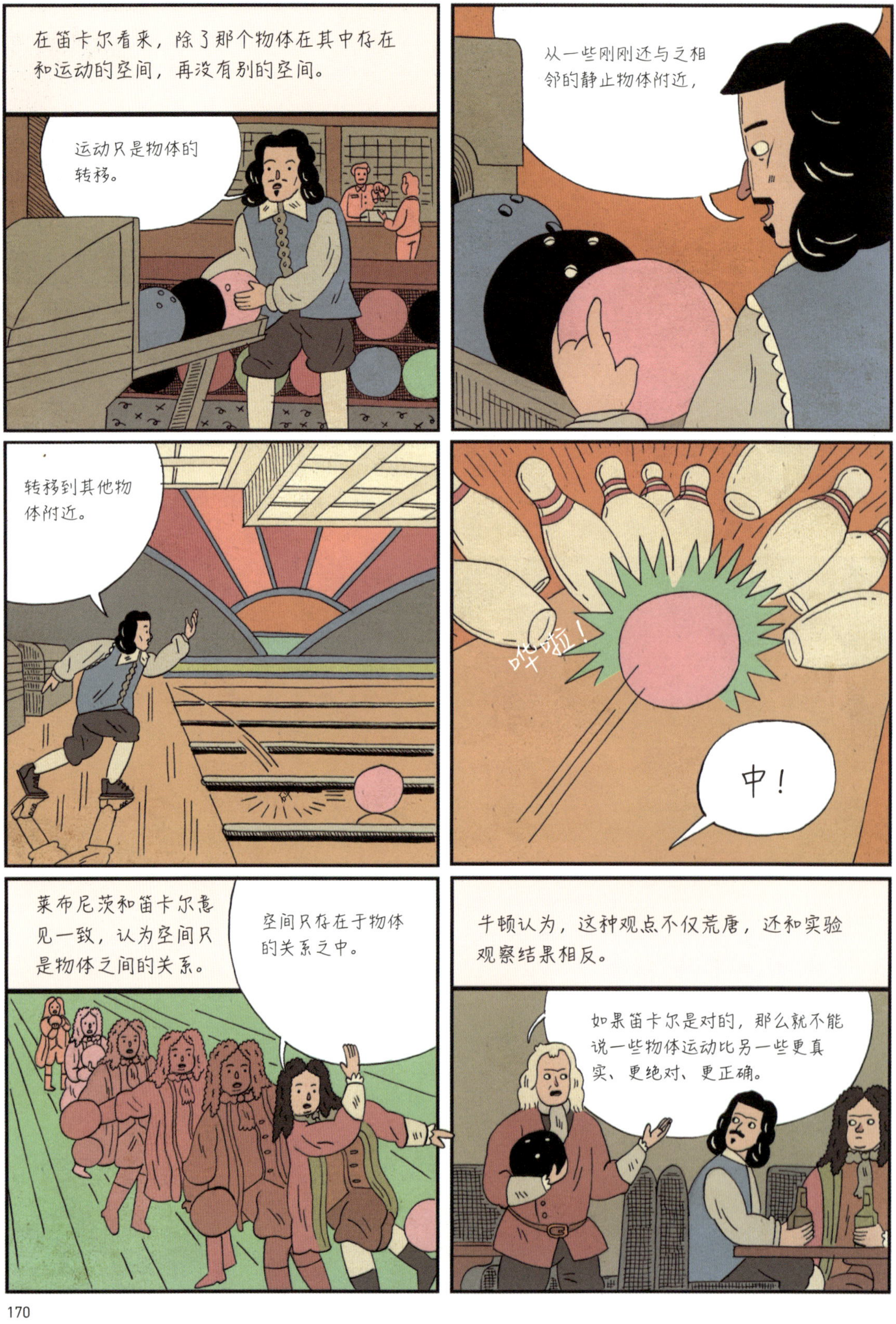
在笛卡尔看来，除了那个物体在其中存在和运动的空间，再没有别的空间。
运动只是物体的转移。
从一些刚刚还与之相邻的静止物体附近，
转移到其他物体附近。
哗啦！
中！
莱布尼茨和笛卡尔意见一致，认为空间只是物体之间的关系。
空间只存在于物体的关系之中。
牛顿认为，这种观点不仅荒唐，还和实验观察结果相反。
如果笛卡尔是对的，那么就不能说一些物体运动比另一些更真实、更绝对、更正确。

根据牛顿的观点，一些运动是真实的，

而另外一些运动只是表面上的。
哇，那些树跑得太快了！

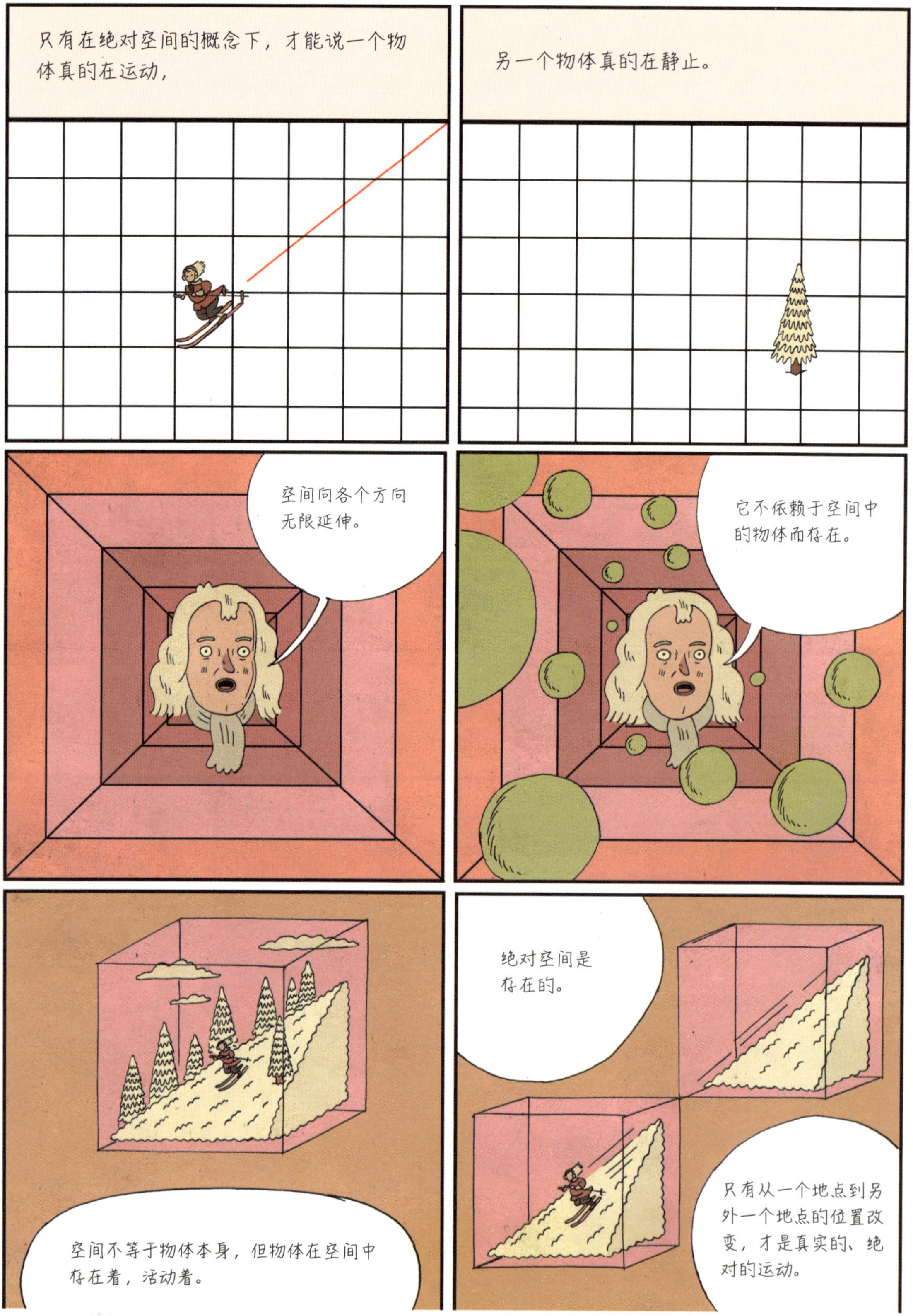
只有在绝对空间的概念下，才能说一个物体真的在运动，
另一个物体真的在静止。
空间向各个方向无限延伸。
它不依赖于空间中的物体而存在。
空间不等于物体本身，但物体在空间中存在着，活动着。
绝对空间是存在的。
只有从一个地点到另外一个地点的位置改变，才是真实的、绝对的运动。

莱布尼茨同意运动是真实的，但不同意绝对空间理论。
他认为物体中存在着形而上学的、能动的力量。
笛卡尔则不然，
他认为物体仅仅有被动的广延，没有能动性。
牛顿还认为，如果存在着外力作用，物体就是真的在运动。
真实运动和相对运动的区别仅仅在于原因不同，
这个原因就是作用于物体、使之运动的力量。
运动
静止

* 水桶实验是牛顿用来证明绝对空间存在的实验。桶刚开始旋转时，桶与水相对运动最大，水面却保持静止；之后，水在桶的作用下也开始运动，二者相对运动减小，直至呈相对静止关系，但水面却向边缘升高。牛顿据此认为，水的运动倾向不依赖于水与其他事物的相对运动，而是取决于某个绝对的参考体系，即绝对空间。

和笛卡尔在半个世纪前描述的宇宙相比，牛顿所描述的宇宙（真实的力量作用于绝对空间中的物体）完全不同。

# 尾声
# 日内瓦

1755

十八世纪法国哲学家弗朗索瓦－马利·阿鲁埃有一个更为人所知的笔名——伏尔泰。
他花了很多时间思考上一个世纪的哲学遗产。
他的讽刺小说《老实人》嘲笑了莱布尼茨乐观的神义论。
这个世界显然不是所有可能世界中最好的一个。

他对虔信基督的帕斯卡唯有嘲讽。
但牛顿和笛卡尔的分歧，实实在在地吸引了他的注意力。
一个法国人到伦敦，会发现哲学和所有事物一样都变了很多。
他离开了一个充满物质的世界，发现它成了真空的。
真空泵
在巴黎，宇宙看起来由细微物质的旋涡组成，
但在伦敦完全不是这样。
万物的本质发生了彻底的改变。

伏尔泰既尊敬笛卡尔，也尊敬牛顿……
但他知道那个英国人的哲学会占上风。
必须承认，两位伟大人物在行为、运气和哲学上，
都有着巨大的差异。
我们应该赞美艾萨克·牛顿爵士，
但我们也不能谴责笛卡尔。
关于这些新哲学家，英国人普遍认为：笛卡尔是梦想家，
而牛顿是圣人。

然而，最令伏尔泰沮丧的是，宗教势力试图扼杀哲学并制止知识的进步——当然，最后未能成功。
当人们认为牛顿、洛克、莱布尼茨也许会在法国遭到迫害，
或被囚禁在罗马，
甚至被烧死在里斯本，那我们将如何看待人的理性呢？
把伽利略送上宗教法庭的人是错的，
看到哥白尼的行星模型，每个宗教裁判官都应该从心底感到羞愧。

不过，假如牛顿出生在葡萄牙，
他认为行星之间的引力与距离的平方成反比，
又假如一位多明我会的修士碰巧发现了他的这个异端邪说，
艾萨克·牛顿爵士就必将走在犯人的队列之中，
穿着悔罪服，
被处以火刑。

# 出场人物

## （第一部分）

乔尔丹诺·布鲁诺

（1548—1600，生于意大利的诺拉，卒于罗马）

多明我会修士、意大利哲学家、神学家。主要著作有《记忆术》（1582）、《圣灰星期三的晚餐》（1584）、《论无限宇宙和世界》（1584）。

伽利略·伽利雷

（1564—1642，生于比萨，卒于佛罗伦萨）

意大利自然哲学家。他的主要著作有《星际信使》（1610）、《试验者》（1623）、《关于托勒密和哥白尼两大世界体系的对话》（1632）、《关于两门新科学的谈话和数学证明》（1638）。

勒内·笛卡尔

（1596—1650，生于法国的拉海亚，卒于斯德哥尔摩）

法国哲学家、数学家。著有《论世界》（1628 年至 1633 年陆续完成，生前未出版）、《谈谈方法》（和《屈光学》、《气象学》、《几何学》一起结集出版于 1637 年）《第一哲学沉思集》（1641）、《哲学原理》（1644）、《论灵魂的激情》（1649）。

弗朗西斯·培根

（1561—1626，生于伦敦，卒于海格特）

英国自然哲学家、律师、政治家。著有《学术的进展》（1605）、《新工具》（1620）、《伟大的复兴》（未完成，1620）。

布莱士·帕斯卡

（1623—1662，生于克莱蒙费朗，卒于巴黎）

法国数学家、自然哲学家，宗教哲学家。作品有《论真空》（1651）、《致外省人书》（1656—1657）、《思想录》（1658 年开始写作，但 1670 年才出版）。

波西米亚的伊丽莎白（帕拉丁公主）

（1618—1680，生于海德堡，卒于英国赫尔福德）

她留下了大量与笛卡尔、莱布尼茨、马勒伯朗士等人的哲学通信。

# 出场人物

## （第二部分）

托马斯·霍布斯

（1588—1679，生于威尔特郡的马姆斯伯里，卒于德比郡）
英国哲学家、数学家。他的主要著作有《对笛卡尔“沉思”的第三个反驳》（1641）、《利维坦》（1651）和《哲学元素》，后者包括三篇论文：《论公民》（1642）、《论物体》（1656）、《论人》（1658）。

本托（巴鲁赫）·斯宾诺莎

（1632—1677，生于阿姆斯特丹，卒于海牙）
荷兰哲学家，葡萄牙犹太人后裔。他的主要著作有《知性改进论》（生前未出版）、《神、人及其幸福简论》（生前未出版）、《笛卡尔哲学原理及形而上学思想》（1663）、《伦理学》（1662 年至 1676 年陆续完成，死后于 1677 年出版）、《神学政治论》（1670）、《政治论》（未完成）。

戈特弗里德·威廉·莱布尼茨

（1646—1716，生于莱比锡，卒于汉诺威）
德国哲学家、神学家、数学家、历史学家。他著作等身，包括《形而上学论》（1686，生前未出版）、《新系统》（1695）、《人类理智新论》（1704，生前未出版）、《神义论》（1710）、《自然与恩典的原理》与《单子论》（皆完成于 1714 年，生前未出版），以及和包括斯宾诺莎、阿尔诺、马勒伯朗士等人在内许多哲学家的重要通信。

安托万·阿尔诺

（1612—1694，生于巴黎，卒于列日）
天主教神父、法国神学家、哲学家。他的主要哲学著述包括《对笛卡尔“沉思”的第四个反驳》（1641）、《论真理观念和错误观念》（1683），以及与马勒伯朗士、莱布尼茨的通信。

安妮·康韦

（1631—1679，生于伦敦，卒于沃里克郡）
英国哲学家、神学家。著有《最古老的和最现代的哲学原则》（1690）。

亨利·莫尔

（1614—1687，生于林肯郡的格兰瑟姆，卒于剑桥）
英国哲学家、神学家。主要著作包括《柏拉图的心理学》（或称《柏拉图的灵魂之歌》（1642）、《反对无神论》（1653）、《灵魂的不朽》（1659）。

# 出场人物

## （第三部分）

尼古拉·马勒伯朗士

（1638—1715，生于巴黎，卒于巴黎）

法国神学家、哲学家、天主教神父（奥拉托利会）。著有《真理的探索》（1674—1675）、《论自然和恩典》（1680）、《关于形而上学和宗教的探讨》（1688），以及和阿尔诺、莱布尼茨及其他人的哲学通信。

约翰·洛克

（1632—1704，生于萨默赛特，卒于艾塞克斯）

英国哲学家、物理学家。他最重要的哲学著作是《人类理解论》（1690）、《政府论》（1690）、《教育漫话》（1695），以及一些论宽容的信件。

罗伯特·波义耳

（1627—1691，生于爱尔兰的利兹摩尔，卒于伦敦）

爱尔兰自然哲学家。他发表的著作有《关于空气弹性的物理-力学新实验》（1660）、《怀疑派化学家》（1661）、《形式与性质的起源》（1666）。

皮埃尔·伽桑狄

（1592—1655，生于普罗旺斯的尚泰西耶，卒于巴黎）

法国哲学家、神学家。他是《对笛卡尔"沉思"的第五个反驳》（1641）的作者。此文又以《形而上学的探讨》为标题于1644年单独出版。还和其他人合著了《哲学综合》。

艾萨克·牛顿爵士

（1643—1727，生于林肯郡的伍尔索普，卒于伦敦）

英国自然哲学家、数学家。他最重要的哲学著作是《光与颜色的新理论》（1672）、《自然哲学的数学原理》（1687）和《光学》（1704）。

伏尔泰（弗朗索瓦-马利·阿鲁埃）

（1694—1778，生于巴黎，卒于巴黎）

法国作家。作品包括《哲学通信》（1754）、《老实人》（1759）以及许多历史著述、宗教论著、戏剧、书信等。

# 致 谢

毋庸讳言，这部著作有赖于朋友和同仁的盛情鼓励，还有他们直接而诚恳的回应。感谢卡伦·贝里、开尼尔·加伯、安德鲁·贾尼埃克、黛布拉·纳伊斯、唐·卢瑟福、拉里·夏皮罗、艾略特·索伯和诺尔玛·索伯一直以来的帮助，正是他们的阅读、审阅和校对告诉了我们哪些有用，哪些没用。

还要感谢我们的家人：简·伯恩斯坦（史蒂文的妻子、本的母亲）、罗丝·纳德勒（史蒂文和简的女儿、本的姐姐），以及内特·奥特，你们的爱心、耐心、幽默、建议、洞见，一直支持着我们，而且不只体现在工作上。

我（史蒂文）还要表达对罗马美国学院以及学院主任克里斯·切伦扎和金·鲍尔斯的感激，感谢他们于二〇一四年春天邀请我成为驻校学者。这本书有一部分就是在那段美好时光里面写的。

最后，要特别感谢普林斯顿大学出版社的罗伯·滕皮奥。他的热情和支持是必不可少的。还要感谢给予了我们必要帮助的出版团队：马克·贝利斯、迪米特里·卡瑞特尼科夫以及杰西卡·马萨布鲁克。

# 译者后记

和我之前的翻译工作比起来，翻译这本书是一段相对轻松有趣的经历。作者尽量使用风趣幽默、深入浅出的形式，让相对枯燥的近代哲学变得容易理解。希望我国的哲学从业者也能多写作和出版这样的哲学普及读物。

对宋斌、施璇、罗跃军、许宏、刘国鹏等朋友们在翻译过程中给我的大力帮助，特此表示感谢！

赵海峰

二〇一八年二月十日

于得克萨斯大学奥斯汀分校

图书在版编目(CIP)数据

异端 ：进击的哲学现场 / (美) 史蒂文 · 纳德勒，
(美) 本 · 纳德勒著 ；赵海峰译. -- 海口 ：南海出版公
司，2019.3

ISBN 978-7-5442-9514-7

Ⅰ. ①异… Ⅱ. ①史… ②本… ③赵… Ⅲ. ①近代哲
学－世界－17世纪－通俗读物 Ⅳ. ①B141-49

中国版本图书馆CIP数据核字(2018)第281027号

著作权合同登记号 图字：30-2018-161



**异端：进击的哲学现场**
〔美〕史蒂文 · 纳德勒〔美〕本 · 纳德勒 著
赵海峰 译

出　　版　南海出版公司　(0898)66568511
　　　　　海口市海秀中路51号星华大厦五楼　　邮编 570206
发　　行　新经典发行有限公司
　　　　　电话(010)68423599　　邮箱 editor@readinglife.com
经　　销　新华书店

责任编辑　侯晓琼
特邀编辑　张琮卉
装帧设计　朱　琳
内文制作　杨兴艳

印　　刷　北京天宁万达印刷有限公司
开　　本　889毫米×1194毫米　1/16
印　　张　12
字　　数　136千
版　　次　2019年3月第1版
印　　次　2019年4月第2次印刷
书　　号　ISBN 978-7-5442-9514-7
定　　价　79.00元